Porto Recanati
Loreto
Aquila
Atene
S. Giovanni d'Acri
(Siria)
Cipro
Gerusalemme

Ingrandimenti

Roberto Giacobbo

TEMPLARI
DOV'È IL TESORO?

Rai Eri

MONDADORI

Dello stesso autore
nella collezione Ingrandimenti
2012: la fine del mondo?

www.librimondadori.it

Templari: dov'è il tesoro?
di Roberto Giacobbo
Collezione Ingrandimenti

ISBN 978-88-04-59679-0

I edizione marzo 2010

Indice

Templari: dov'è il tesoro?

Alla mia famiglia, tutta,
questa volta partendo da Alessandro,
mio fratello

Le parole insegnano, gli esempi trascinano.
Solo i fatti danno credibilità alle parole.

SANT'AGOSTINO

CONOSCERE I TEMPLARI NON CAMBIA LA VITA,
NON CONOSCERLI RENDE PIÙ DIFFICILE CAMBIARE VITA.

Prologo

Cos'è un tesoro?

Un sogno? Un desiderio? La convinzione dell'irrealizzabile? Forse tutto questo insieme. Qualunque caccia al tesoro suscita attesa, scatena fantasie, ma nessuna come quella legata alla vicenda dei Templari ha raccolto nel tempo tante tracce, indizi, parziali ritrovamenti, congetture e… appassionati. Poco più di un anno fa, nel corso di un telegiornale sono state citate le parole che secondo una ricerca erano le più affascinanti per i giovani. Il termine "Templari" si trovava fra le prime cinque! Non vi sono distinzioni di età, condizione sociale e sesso tra coloro che sono affascinati dalla vicenda dei cavalieri e, perché no, dal loro misterioso tesoro.

Mantenere l'equilibrio e nello stesso tempo non fermarsi, non addormentarsi sul "già detto", non è facile. Talvolta per motivi diversi, non ultimo la paura di essere criticati, si continua a camminare nello stesso solco senza mai assumersi la responsabilità di studiare, pensare, sognare.

Non tutto è mistero, come non tutto è stato scoperto. Penso si debba diffidare di chi mette tutto in dubbio e ipotizza complotti in ogni dove, e credo che si debba essere più lungimiranti di chi afferma che tutto è così com'è, senza dibattito e senza possibilità di evoluzione. Come sempre l'equilibrio e la fatica, in questo caso per capire, richiedono impegno e sacrificio.

Il tempo, ne sono certo, darà torto a entrambi per motivi sorprendentemente simili.

Con la voglia di capire e scoprire comincia un nuovo viaggio, questa volta nella terra dei Templari, una terra molto più vicina di quanto possiamo immaginare.

I Templari, uomini entrati nella leggenda ma estremamente legati alla storia. Valorosi e segreti, impavidi e attenti, hanno nel tempo seminato un gran numero di indizi. Alcuni molto chiari, altri ancora da scoprire.

Ripercorreremo la loro storia, la rivivremo in un percorso che ha avuto come guida gli oltre cento libri che troverete nella bibliografia in calce a questo volume. Un elenco che potrà aiutare chi, non pago, voglia approfondire particolari o vicende. Un concentrato di storia che permetterà di viaggiare con la mente a ritroso nel tempo per conoscere, vivere, ipotizzare e, perché no, sognare i mille lati conosciuti e nascosti dell'avventura templare.

Un solo filo rosso accompagnerà questo viaggio: le tracce del fantastico tesoro templare. È esistito? Cos'era? Quanto era prezioso? Dove è stato nascosto?

Ogni riga di questo scritto può dare spunti ed elementi per trovare la strada giusta, per rispondere a una o a tutte queste domande. Nulla è lasciato al caso, non ci si può distrarre.

A voi la storia, la ricerca, la leggenda… Tutto comincia da dove sembra finire…

Parigi. È la mattina del 21 gennaio 1793. La temperatura è rigida, una leggera nebbia ovatta una piazza silenziosa.

Sono passati più di tre anni dalla presa della Bastiglia, da quel 14 luglio 1789 che ha visto esplodere l'ira di un popolo affamato contro una monarchia troppo distante dal Paese.

La folla radunata in Place de la Révolution sta per essere testimone di uno degli eventi destinati a segnare il corso della storia.

Luigi XVI, il re deposto, è davanti a una moltitudine di persone che fino a poco prima era il suo popolo; è vestito di bianco, stringe in una mano il Libro dei Salmi. Sa che la sua ora è giunta e desidera dire qualcosa per difendere la memoria del suo regno, della sua famiglia e della sua vita, ma il boia lo incalza, non glielo permette, ha in mano un coltello affilato, con un gesto netto gli taglia i capelli raccolti in una coda, gli lega le mani e lo fa inginocchiare.

È lui che vuole parlare, si avvicina al re e gli sussurra: «...».

Cosa?

Prima di ascoltare le parole dapprima sussurrate e poi urlate da questa voce, dobbiamo narrare un'altra storia, una lunga storia oscura e allo stesso tempo gloriosa, che inizia a Gerusalemme e dovrebbe concludersi proprio in Francia, ma che invece andrà ben oltre.

Una storia iniziata più di seicento anni prima del 21 gennaio 1793...

Guerrieri di Dio

Dove tutto ha inizio

La Palestina, la Terra Santa, la Terra Promessa, la terra di Gesù, il luogo in cui giunse Maometto al termine di un miracoloso viaggio notturno partito dalla Mecca e in seguito al quale ascese al cielo, un posto speciale con una vita difficile che oggi, come ieri, vede giorni di grandi conflitti... E proprio in Terra Santa, in questo luogo così complesso anche solo da raccontare, la nostra storia ha inizio: la storia di nove cavalieri che sapranno ritagliarsi un ruolo di ampio potere nei destini del mondo; un ruolo ancora oggi avvolto da fascino e mistero...

Il nostro viaggio parte da Gerusalemme, una città sacra per le tre grandi religioni monoteiste: la religione degli ebrei, quella dei cristiani e quella dei musulmani; una città contesa e maltrattata.

Siamo alla fine dell'XI secolo: i Turchi invadono la Persia, la Palestina, la Siria e l'Asia Minore, arrivando a minacciare Costantinopoli, oggi Istanbul; la Cristianità è in pericolo. Così l'imperatore Alessio I chiede aiuto all'Occidente e il papa, Urbano II, non resta sordo a tale richiesta.

Il 27 novembre 1095, durante il concilio di Clermont, Urbano II lancia l'appello per una Crociata che liberi il Santo Sepolcro dagli infedeli. L'Occidente risponde compatto, con la Francia e le sue armature lucenti schierate in prima fila: è la prima Crociata.

Fra il 1095 e il 1099 l'Occidente entra nella Città Santa con i suoi condottieri, i suoi eserciti e i suoi predicatori, e dà vita, fra lo spargimento di molto sangue amico e nemico, al regno cristiano in Terra Santa.

Gerusalemme viene conquistata nel 1099; Goffredo di Buglione è uno dei primi a entrare nella città, dove è incoronato il 22 luglio, ma rifiuta l'appellativo di "re" preferendo il titolo di *Advocatus Sancti Sepulchri*, "Difensore del Santo Sepolcro".

Urbano II muore poco dopo, il 29 luglio 1099, prima che la notizia della conquista di Gerusalemme abbia il tempo di arrivare in Occidente.

Goffredo di Buglione muore un anno dopo, il 18 luglio 1100, dopo aver regnato per poco meno di dodici mesi ed essersi ritagliato un ruolo speciale nella storia, non solo per le imprese compiute ma anche per alcuni rapporti che scopriremo essere molto significativi: Goffredo è infatti imparentato con la dinastia francese dei merovingi ma è anche un normanno e per questo legato ad altri nobili normanni, tra cui la famiglia St Clair... Un nome, quest'ultimo, che è bene tenere a mente perché tornerà in seguito nel nostro racconto per guidarci in un viaggio sorprendente, un viaggio che ci porterà al di là del mondo conosciuto... Ma dobbiamo ancora percorrere diverse tappe prima di incontrare di nuovo i St Clair e i loro parenti scozzesi, i Sinclair.

A Goffredo succede il fratello Baldovino, che viene incoronato re il 25 dicembre 1100.

Eppure, nonostante la continuità dinastica, la situazione in Terra Santa è tutt'altro che stabile: nel 1119 una banda di predoni saraceni massacra un convoglio di pellegrini cristiani in viaggio fra Gerusalemme e il Giordano. L'evento ha un'eco vastissima che raggiunge l'Occidente e svela una verità fin troppo palese: il regno di Gerusalemme è impreparato a fronteggiare la situazione; le truppe disponibili sono assolutamente insufficienti per assicurare una valida difesa; la popolazione è condannata a vivere sotto lo spettro di una continua e terribile minaccia, a meno che altre forze non intervengano a prestare soccorso.

Forse è proprio sull'onda della reazione emotiva innescata dalla strage dei pellegrini che, insieme a otto compagni, nel 1120 Hugues de Payns, signore di un feudo nei pressi della città francese di Troyes, vassallo del conte di Champagne e parente acquisito, grazie a un matrimonio, della famiglia St Clair, assume davanti al patriarca di Gerusalemme l'impegno di combattere in difesa dei pellegrini cristiani e fonda una confraternita di militari laici, i "Poveri Commilitoni di Cristo", che risiederanno presso i Canonici del Santo Sepolcro. Rinuncia alle comodità di una condizione sociale privilegiata, prende i tre voti monastici di povertà, obbedienza e castità, e vive grazie alle elemosine della popolazione vestendo abiti smessi, frutto anch'essi di beneficenza.

Nel 1120, a Nablus, una delle più grandi città della

Palestina, si tiene un'importante assemblea che raccoglie i principali esponenti del clero e della nobiltà del regno di Gerusalemme: gli storici ritengono probabile che questo raduno fosse una buona occasione per sostenere ufficialmente la causa della confraternita militare appena formata.

Una confraternita che, di lì a poco, darà vita ai mitici cavalieri templari.

Una missione segreta

L'iniziativa di Hugues de Payns dà il via a una vicenda che si rivelerà straordinaria eppure, in sé, l'iniziativa non è particolarmente originale: ha anzi alcuni precedenti importanti già nell'Occidente dell'XI secolo, nella Francia meridionale ma soprattutto nella penisola iberica, zone che si battono da tempo contro l'occupazione islamica per la riconquista. In queste aree infatti si sono già organizzate confraternite armate, associazioni di guerrieri laici che combattono contro i Saraceni dopo aver assunto un impegno religioso molto preciso che non prevede però un'effettiva conversione alla vita monastica, così come non la prevede la confraternita di Hugues de Payns. Sono comunità temporanee che si legano idealmente a importanti centri di culto per difenderne i beni contro gli attacchi islamici e proteggere le vie d'accesso percorse dai pellegrini, in cambio dei benefici spirituali offerti dagli enti ecclesiastici ospitanti.

I "Poveri Commilitoni di Cristo" si inseriscono in un contesto già ben delineato.

All'indomani della conquista della Terra Santa, Goffredo di Buglione ha istituito a Gerusalemme quattro fondazioni di canonici regolari, chierici che vivono in comune secondo la Regola di sant'Agostino e si occupano della cura delle anime: fra questi ci sono i Canonici del Santo Sepolcro, ai quali in un primo momento si rivolge la confraternita di militari di Hugues de Payns.

All'inizio, quindi, anche i "Poveri Commilitoni di Cristo" seguono la Regola di sant'Agostino: nella visione agostiniana il combattimento ha il carattere di rimedio inevitabile contro un male più grande, l'ingiusta soppressione degli innocenti da parte dei malvagi. La legittimazione religiosa di questo tipo di guerra nasce, paradossalmente, dall'esaltazione della pace, considerata come bene supremo e pertanto perseguibile con ogni mezzo. Nella società di quel tempo pace e guerra non appaiono come opposti inconciliabili, bensì come due aspetti necessari nella ricerca dell'ordine sociale e della giustizia.

Soltanto inserendola in questo contesto è possibile comprendere l'ascesa dei Templari, i gloriosi guerrieri di Dio che, sin dalla loro istituzione, si legano strettamente alla figura di san Giovanni Battista, l'uomo che ha riconosciuto Gesù e dal quale Gesù ha voluto ricevere il battesimo.

Qualche anno dopo la sua nascita il gruppo lascia la Basilica del Santo Sepolcro, forse perché l'allora re di Gerusalemme, Baldovino II, ha intuito la potenzialità della confraternita e ha deciso di prenderla sotto la propria protezione; e si trasferisce a vivere in un'ala del palazzo che il sovrano ha usato, fino al 1120, come palazzo reale: la moschea di Al-Aqsa.

Questo passaggio è fondamentale: l'edificio ha infatti un'importanza straordinaria, sorge presso le rovine dell'antico Tempio di Salomone, distrutto nel 586 a.C. da Nabucodonosor II. Dopo il trasferimento la popolazione comincia a chiamare il gruppo di monaci laici *Militia Salomonica Templi* o anche *Milites Templi*, e poi, più comunemente, "Templari".

Ma i Templari sono ancora soltanto nove e resteranno in nove per nove anni...

Perché il re di Gerusalemme li ritiene a tal punto importanti da concedere loro un'ala del suo palazzo e perché la popolarità dei Templari cresce così velocemente fra la gente, malgrado il loro esiguo numero non possa certo consentire imprese eclatanti?

Per quanto valorosi, nove uomini sono decisamente pochi per assolvere al gravoso ruolo che si sono assegnati: la difesa dei pellegrini in una terra martoriata da nemici e banditi...

Comunque, occorre sottolineare che i Templari non passano il loro tempo nelle strade, bensì a scavare sotto le rovine del Tempio di Salomone, in particolare sotto le stalle.

Tutte queste ragioni inducono molti storici a ipotizzare che i cavalieri abbiano in origine un obiettivo non dichiarato, segreto.

Sono forse entrati in possesso di informazioni che riguardano qualcosa di molto prezioso e la loro vera missione è proprio trovare quel qualcosa?

È per questo motivo che presto diventano così importanti per re Baldovino II?

Talmente importanti che Baldovino ha un'intuizione che si rivelerà subito vincente: se la confraternita diventerà un vero e proprio Ordine della Chiesa di Roma, sarà immune da qualsiasi eventuale strumentalizzazione e potrà agire con la massima libertà.

Agire con la massima libertà per fare cosa?

Per tale domanda non esistono risposte certe, però sappiamo che per rendere inattaccabili i Templari viene chiamato in causa addirittura il più grande mistico del tempo, un uomo dal carisma e dall'autorità straordinari: Bernardo di Chiaravalle.

Un prezioso alleato

Nel 1127 Hugues de Payns lascia l'Oriente e raggiunge l'Europa; attraversa la Francia e si spinge fino in Inghilterra. Baldovino II lo ha incaricato di incontrare i maggiori feudatari europei per reclutare quanti più cavalieri possibile e rimpinguare così le file delle milizie in Terra Santa in vista di una seconda Crociata.

Ma non è questo lo scopo principale del viaggio di Hugues de Payns.

Baldovino II vuole che i Templari ottengano una promozione istituzionale: è necessario che si procurino un vasto consenso nella Cristianità, ma soprattutto devono guadagnarsi un riconoscimento effettivo presso la Chiesa e il suo papa, Onorio II.

L'impresa non è certo semplice: il papato è afflitto da gravi problemi di stabilità; inoltre la maggior parte degli ambienti ecclesiastici considera ancora lo stato laicale, in particolare la vita delle aristocrazie guerriere, un ostacolo sulla via della salvezza eterna e un pericolo per il proprio potere.

Ma c'è un uomo che può far sì che tale diffidenza venga superata. Quell'uomo è Bernardo di Chiaravalle: è a lui che il re di Gerusalemme indirizza una lettera per chiedergli di patrocinare la nascita del nuovo Ordine e di studiare una Regola religiosa speciale nella quale il servizio di Dio non si trovi in conflitto con il fragore della guerra.

Oltre a essere una delle maggiori personalità religiose dell'epoca e a possedere un carisma fuori dal comune, l'abate cistercense, secondo alcuni studiosi, è legato a Hugues de Payns da vincoli di parentela ed è nipote di Andrea di Montbard, un altro templare del nucleo originario sulle cui terre hanno trovato ospitalità i primi Cistercensi di Bernardo. Inoltre è schierato in prima linea nella lotta per difendere il ruolo pontificio in seno alla società cristiana e, di conseguenza, gode di ottimi appoggi presso la curia: con il suo sostegno la causa templare ha sicuramente molte più possibilità di successo.

Bernardo nasce nel 1090 a Château de Fontaine, vicino alla capitale della Borgogna. Appartiene a una famiglia dell'alta nobiltà francese; è il terzo di sette figli. Nel 1112 decide di entrare nell'abbazia di Cîteaux, luogo paludoso, insalubre e ben noto per l'austerità della Regola benedettina, che suscita poche vocazioni; la mortalità dei monaci è più alta che in altri monasteri, vi si muore di privazioni e di stenti. Eppure Bernardo abbandona i lussi della sua casa e sceglie questa strada difficile, nonostante l'opposizione della famiglia, convinto che la Regola benedettina rappresenti l'antidoto ideale ai nefasti eccessi che indeboliscono l'autorità della Chiesa, ed è proprio lui a insistere sulla maggiore severità di questa Regola e sulla rigida disciplina: impone il divieto di indossare scarpe con lacci, considerate pagane; di cacciare; di radersi la barba; impone di portare i capelli corti; insiste sulla pulizia e sul rispetto del motto dell'Ordine, *ora et labora*, "prega e lavora".

Questa strada difficile si rivela la scelta vincente e la fama di Bernardo cresce e, con essa, il numero delle abbazie cistercensi; ne fonda una a Chiaravalle, su terre donate all'Ordine da Ugo, conte di Champagne, che diventerà il faro spirituale dell'Europa dei crociati.

All'inizio l'abate sembra mostrare un atteggiamento indifferente verso la causa templare, ma in seguito aderisce al progetto con entusiasmo, mettendo a disposizione le sue risorse spirituali, intellettuali e politiche per promuoverne lo sviluppo. Pur continuando a vedere nel monachesimo la via preferenziale verso la salvezza, Bernardo intuisce le grandi potenzialità offerte dal nuovo Ordine e appoggia l'idea di formare una milizia religiosa; cerca anche di guadagnarle l'avallo di alcune grandi personalità religiose del tempo e in primo luogo, naturalmente, del papa.

A questo scopo scrive un trattato, *De Laude Novae Militiae*, "In lode della nuova milizia", nel quale il cavaliere templare viene celebrato come un santo guerriero: Bernardo contrappone i costumi dissoluti della cavalleria laica alla purezza di vita e alla fede dei nuovi monaci combattenti; mette in luce i caratteri dell'etica e della spiritualità templare: conversione, rifiuto della mondanità, spirito di servizio nei confronti della causa in Terra Santa e aspirazione al martirio in nome di Cristo.

Bernardo esalta le Crociate che, ai suoi occhi, presentano molti risvolti benefici: ovviamente, frenare l'avanzata turca, ma anche indebolire i feudi, ristabilire il contatto fra Occidente e Oriente, indispensabile per la riunificazione del mondo cristiano, in quanto permette di risalire alle fonti della spiritualità orientale da cui è nato il Cristianesimo; infine, le Crociate offrono un ottimo pretesto per la creazione di un esercito, essenziale per il consolidamento del potere che ancora manca al papato e che, in un'epoca di forte precarietà, gli è assolutamente indispensabile.

La genialità di Bernardo sta proprio nel riuscire a creare un legame fra la cavalleria e la Chiesa: in difesa del suo Ordine Cistercense di monaci vestiti di bianco l'abate consacra quindi l'Ordine dei Cavalieri del Tempio di Salomone, con il loro vessillo bianco e nero a simboleggiare la luce e le tenebre, due opposti necessari al raggiungimento della salvezza.

Da questo momento i monaci cistercensi e i cavalieri templari condivideranno luoghi e solidarietà; ma non la storia: infatti, quando i Templari saranno banditi come eretici e perderanno tutto, i monaci bianchi manterranno il loro potere e i loro monasteri, compresi quelli di Melrose e Newbattle, località scozzesi non lontane da Roslin…

Roslin: il nome tornerà nella nostra storia perché questo luogo accoglierà i Templari clandestini, sopravvissuti e braccati… Ma per arrivare a questi eventi mancano ancora quasi due secoli e ora dobbiamo tornare al gennaio 1129, quando, durante un concilio ecumenico celebrato a Troyes, il legato apostolico, cardinale Matteo d'Albano, conferisce finalmente l'agognata approvazione pontificia al nuovo Ordine della milizia templare e ne approva la Regola in nome del papa.

In occasione del concilio di Troyes l'Ordine riceve da Bernardo di Chiaravalle l'indicazione della *domina*, la signora a cui offrire il proprio servizio: Maria, il volto femminile di Dio. Sotto il suo nome, i Templari nascono ufficialmente; e sotto di lei moriranno ufficialmente...

Da questo momento alla loro fine, i monaci guerrieri sorveglieranno le strade della Palestina e della Siria, custodiranno le sacre reliquie della religione cristiana e forniranno truppe agguerrite e valorose ai re franchi di Gerusalemme.

Bernardo ha aperto la strada al potere dei Templari, una strada che li porta a essere riconosciuti dalla nobiltà e dal clero e che consentirà loro di ottenere straordinari privilegi. Il favore popolare e la protezione dei governanti e della Chiesa rendono l'Ordine un'istituzione potente, e questo potere si accresce nel tempo grazie alle speciali immunità di cui gode: nel 1139, con la bolla *Omne Datum Optimum*, papa Innocenzo II, un allievo di Bernardo, sancisce l'assoluta indipendenza dei cavalieri da qualunque autorità, sia laica che ecclesiastica, rendendoli soggetti solo alla persona del pontefice romano; inoltre, concede all'Ordine il diritto di edificare chiese.

Così, oltre che in Oriente, l'Ordine riesce a radicarsi saldamente anche in Europa, diviso in nove province: Francia, Portogallo, Castiglia e León, Aragona, Maiorca, Germania, Italia, Puglia e Sicilia, Inghilterra e Irlanda; in quasi tutte queste province non ci sono infedeli da combattere, ma un potere da stabilire e un preciso piano da realizzare...

Le province vengono sottoposte al governo di un soprintendente generale, chiamato visitatore, che ha appunto l'incarico di visitare le regioni sotto la sua giurisdizione.

Alla sommità della piramide gerarchica siede il

Gran Maestro, eletto da un capitolo, un ristretto numero di cavalieri che rappresentano le nove province; a lui ogni visitatore riferisce lo stato delle regioni sotto la sua giurisdizione durante il capitolo generale dell'Ordine che si riunisce una volta l'anno.

Le commende si moltiplicano, i domini crescono di giorno in giorno e, con essi, potere, fama e ricchezze.

Il 31 marzo 1146, a Vézelay, presso il santuario della Madonna Nera, Bernardo registra probabilmente il suo più grande successo: davanti a re, regine e a 100.000 fra cavalieri, monaci e popolani, l'abate cistercense incita la folla alla guerra santa.

La cattedrale non può contenere tutti i presenti, così Bernardo trasferisce la cerimonia in un campo ai margini della città, dove viene allestito un palco. Incitata dalle parole del carismatico oratore, la folla invoca a gran voce "le croci", lembi di stoffa portati da Bernardo e destinati a chi deciderà di arruolarsi. L'entusiasmo è tale che, una volta esaurite le scorte, Bernardo si toglie la tonaca per ricavarne altre croci e così fino al tramonto, con tutta la stoffa che si riesce a trovare.

Sempre più persone desiderano entrare a far parte dell'Ordine dei Templari: molte leggende raccontano che, al passaggio dei cavalieri per città e paesi, le donne chiudessero figli e mariti in casa per impedire loro di lasciare tutto e partire per la guerra santa con una croce rossa cucita sul mantello.

Il potere templare cresce

Sin dalla sua origine l'Ordine istituito da Hugues de Payns mantiene un forte rapporto con le corti francesi di Champagne, Provenza e Linguadoca, che saranno sempre fra le più convinte sostenitrici delle Crociate. All'inizio questo rapporto contribuisce alla crescita del potere templare, ma a breve si ritorcerà contro l'Ordine.

Il 24 aprile 1147 papa Eugenio III partecipa al capitolo generale dell'Ordine che si tiene a Parigi e in quell'occasione decreta ufficialmente che l'abito templare recherà sempre una croce rossa sul mantello come segno distintivo, in ricordo del sangue che i frati guerrieri versano e verseranno in difesa della fede.

Sul piano religioso, per qualche tempo i Templari sono legati al patriarca di Gerusalemme, inquadrati nella Chiesa latina d'Oriente alla quale appartengono per nascita e formazione spirituale. I confratelli del Tempio vivono soli, separati dal mondo. Ufficialmente dividono il loro tempo fra la preghiera e il servizio in armi per la difesa della popolazione cristiana. La dimensione in cui vivono in quanto confraternita religiosa è duplice: sono penitenti e cavalieri.

La dimensione della penitenza è evidente anche nell'aspetto esteriore: la veste dimessa e priva di qualunque ornamento, la barba lunga, la rinuncia a ogni carica mondana e, sublimazione massima della distanza dal mondo, il voto di castità; e ancora il divieto di assistere agli spettacoli, alle feste popolari e ai banchetti rumorosi; la sobrietà nel bere e nel mangiare, la continenza.

In quanto cavalieri, i Templari offrono le loro fatiche e sofferenze fisiche, nonché la vita stessa, per la salvezza degli altri, al servizio di una causa giusta e, soprattutto, al servizio di Dio. Il principio benedettino dell'*ora et labora* per loro si concretizza, appunto, nell'attività militare.

I guerrieri del Tempio sono inquadrati in una ferrea disciplina che al momento dello scontro ne fa un contingente compatto con notevoli capacità di coordinamento. Alle doti militari si uniscono un forte spirito di corpo, che le regole interne cercano di favorire in ogni modo, e un codice d'onore rigidissimo. Queste caratteristiche li portano a eccellere sulle altre cavallerie laiche, fondate soprattutto sul coraggio e sull'iniziativa personale, e a diventare in breve tempo il primo esempio di corpo organizzato secondo modalità che saranno proprie degli eserciti dell'età moderna.

I Templari sono strutturati in due ranghi gerarchici principali: i *milites*, che sono stati investiti cavalieri o appartengono comunque a famiglie di condizione cavalleresca. Indossano vesti candide in segno di purezza e perfezione e detengono ruoli di comando. Poi ci sono i *sergenti*, che non hanno origini altrettanto prestigiose, indossano abiti scuri e svolgono essenzialmente mansioni di lavoro, anche se, a partire dalla seconda metà del Duecento, alcuni di loro riusciranno a ottenere incarichi di grande rilevanza, con ogni probabilità perché l'Ordine avrà sempre maggiore necessità di personale tecnicamente preparato per assolvere alle funzioni finanziarie, molto dilatate rispetto al passato, competenze estranee alla tradizione dell'aristocrazia laica, che manterrà un atteggiamento di ostentato disprezzo verso il mondo mercantile.

Poi ci sono gli ecclesiastici, i *clerici*, che attendono alle funzioni religiosi nelle chiese. E infine gli *ospiti*, che prestano servizio a titolo temporaneo.

Il Tempio non riconosce altra autorità se non quella del Gran Maestro, il quale, a sua volta, dipende unicamente dal papa; sfugge a ogni giurisdizione temporale, e i suoi domini godono ovunque del diritto di extraterritorialità; l'Ordine è esente da qualsiasi imposta, anche dalla decima del clero; i suoi membri possono confessarsi solo con ecclesiastici e sacerdoti affiliati: così, in pochi anni, i Templari diventano un gruppo estremamente forte ed estremamente chiuso.

Proprio per tutelare tale chiusura, la procedura stessa per entrare nell'Ordine diventa molto lunga e articolata.

Chi vuole diventare templare deve rivolgersi al precettore di una magione. Ricevuta la chiamata, il candidato viene isolato in una stanza della commenda per tre giorni, dove uno o due membri dell'Ordine vanno a trovarlo e lo interrogano sulla sua effettiva volontà di votarsi. Al candidato vengono poste una serie di domande sulla vita che ha condotto fino a quel momento: se sia sposato o fidanzato, se abbia preso i voti di un altro Ordine religioso, se sia sano, libero da vincoli di schiavitù, tutti motivi che gli negherebbero l'accesso al Tempio. Superata questa prima selezione, i frati lo avvertono che la sua vita da templare sarà molto dura. A questo punto il postulante viene lasciato di nuovo solo mentre il precettore della magione riunisce gli altri frati per discutere con loro l'opportunità di accoglierlo nel Tempio: se il capitolo è d'accordo, si può fissare il momento della ricezione, quando il precettore della magione o un altro templare con la facoltà speciale di accogliere frati nell'Ordine officerà la cerimonia d'ingresso.

Entrare a far parte dell'Ordine del Tempio è qualcosa di molto prestigioso e, quindi, di molto ambito. Così si spiega l'estrema rigidità della procedura di accesso. Ma c'è, forse, anche un'altra spiegazione, ancora più importante: i Templari condividono molti segreti, conoscenze e tesori... E devono proteggerli.

Intanto il loro potere cresce di anno in anno.

Non è solo grazie alle loro capacità militari che i cavalieri del Tempio arrivano a godere della piena fiducia del papa, dei vari sovrani europei e degli imperatori bizantini, ma anche per le singolari abilità diplomatiche sviluppate durante le campagne militari in Terra Santa.

Non è un'esagerazione affermare che il Tempio è una fra le entità internazionali più potenti di tutta la civiltà medievale.

L'Ordine ha una grande autorità anche in questioni di tipo puramente religioso: gli viene attribuita una competenza superiore per quanto concerne il riconoscimento delle reliquie autentiche, di cui possiede una raccolta ingente. È proprio un cavaliere del Tempio, affiancato dal suo omologo dell'Ospedale, ad avere l'enorme onore di vegliare e scortare in processione la preziosa teca-reliquario con il legno della Vera Croce custodita a Gerusalemme.

Gli insediamenti templari sorgono ovunque: alla confluenza dei fiumi, lungo le antiche vie consolari romane, sui monti, nelle campagne, nei villaggi e nelle città; nei centri importanti ve n'è più d'uno.

Poco prima del 1200 il Tempio è ormai presente in tutto il bacino del Mediterraneo, e dal Portogallo all'Armenia, dalla Sicilia alla Scozia, con centinaia di proprietà tra fortezze, commende e beni fondiari, grazie soprattutto ai lasciti e alle donazioni di privati che desiderano sostenere la causa della Crociata e avere un qualche posto nell'Ordine: questi "benefattori del Tempio", sorta di laici affiliati in senso spirituale, acquisiscono il diritto a essere sepolti nei cimiteri delle chiese templari, e i frati recitano preghiere in suffragio della loro anima.

Grazie alla loro popolarità i Templari arrivano presto a rivaleggiare con la Chiesa per quanto concerne le proprietà terriere.

Ma non sono solo le terre a rendere potenti i Templari, ci sono anche i porti e le flotte: dalle città portuali salpano le navi templari per l'Oriente, cariche di crociati, pellegrini e cibarie per uomini e animali.

Fra i tanti porti dell'Ordine, un'importanza fondamentale per il futuro dei Templari riveste quello di La Rochelle, sull'Atlantico occidentale, un porto strano, scomodo per la rotta abituale verso l'Oriente. Eleonora d'Aquitania concede loro di costruirlo, e questo porto si rivelerà di rilevanza cruciale per il destino dei cavalieri...

Grazie ai porti, alle navi, ai viaggi e alle stesse Crociate, i Templari insieme ai loro beni accrescono anche le loro conoscenze. Entrano in possesso di un sapere straordinario che contribuisce a incrementare ulteriormente il loro potere, in un circolo virtuoso che sembra non debba avere mai fine.

Le Crociate contribuiscono infatti a trasformare in una comunità popoli e culture divisi da enormi distanze, e a diffondere il sapere oltre la cerchia dei nobili e dei loro figli, fino a includere coloro che si trovano nella sfera d'influenza dei Templari o lavorano per loro: dottori e capitani di nave, monaci e mercanti, muratori e artigiani.

In particolare sono l'edilizia e l'architettura, basate sulla matematica e la geometria, a vivere in questi anni una fase di forte sviluppo. E ancora una volta i Cistercensi e il loro braccio armato, i Templari, svolgono un ruolo di assoluto protagonismo.

Infatti, grazie a questi due Ordini l'edilizia si diffonde a macchia d'olio in tutta Europa: fortezze e strade, costruite per fini pratici; chiese e cattedrali, costruite per fini spirituali.

Durante la vita di san Bernardo i Cistercensi erigono oltre trecento monasteri, che fungono sia da alloggi sia da luoghi di culto: una frenesia architettonica così marcata che i Cistercensi passeranno alla storia come i "missionari del gotico". Per i due Ordini portati alla gloria da Bernardo, l'architettura è talmente importante che il periodo dell'Alto Gotico comincia con l'ingresso di Bernardo nei Cistercensi e si conclude con lo scioglimento dei Templari.

I francesi chiamano lo stile architettonico gotico *la mode française*.

Nell'*Isola segreta dei Templari* gli autori, Erling Haagensen e Henry Lincoln, osservano che il termine "gotico" deriva probabilmente da *art goth*, o *argot*, che significa "lingua segreta", forse in riferimento alle straordinarie conoscenze che, in epoca medievale, sono patrimonio esclusivo di gruppi ristretti, quelle straordinarie conoscenze senza le quali le grandi cattedrali gotiche non potrebbero sorgere. E, come abbiamo visto, grazie all'importante contatto con l'Oriente, i Templari arrivano a possedere una sapienza che va ben al di là di quella posseduta dall'Occidente nello stesso momento storico.

Oltre a edifici rurali, fienili, stalle, botteghe e cappelle, i Templari costruiscono castelli, fortezze che sono in grado di edificare perfettamente anche su terreni impervi. I Templari però non si limitano a essere eccellenti nella costruzione delle fortezze in luoghi inaccessibili: sanno anche proteggere i luoghi più esposti e, quando costruiscono su fiumi o in zone costiere, fortificano i castelli con ponti levatoi e impianti idraulici poco comuni nell'Europa medievale.

A loro si deve la diffusione di cappelle e battisteri circolari e ottagonali, a simboleggiare ovunque il Santo Sepolcro di Gerusalemme e la resurrezione. Li costruiscono in tutte le zone sotto la loro influenza, e non soltanto in Europa e in Oriente, ma anche, come vedremo, molto più lontano, in America...

La chiesa circolare templare più bella e meglio conservata si trova a Tomar, in Portogallo.

Il centro politico, finanziario ed economico dell'Ordine è Parigi, e i cavalieri possiedono una parte della città, *le Temple*: un complesso di edifici vastissimo e fortificato.

Durante la fase di massimo impegno in Terra Santa, nel XII secolo, le magioni occidentali sono soprattutto centri destinati a produrre e raccogliere le risorse da inviare in Oriente per sostenere l'azione militare. Ma il numero e la magnificenza delle magioni occidentali cresce freneticamente, al punto che all'inizio del XIV secolo i Templari dispongono, in tutto l'Occidente, di circa 10.000 commende, con annessi granai e cascine, di cui quasi 1000 in Francia.

Una struttura così ben organizzata e gerarchica, che si estende attraverso vari regni ed è guidata da un personale dotato allo stesso tempo di capacità finanziarie, amministrative, militari e diplomatiche, inevitabilmente suscita il timore dei grandi feudatari locali e delle corone europee che, attraverso sempre maggiori ingerenze, esercitano pressioni per far sì che i ruoli del comando templare nei loro territori vengano assegnati a persone di loro gradimento.

I Templari però non sono disposti a rinunciare alla loro autonomia e oppongono resistenza: e questo con il tempo genererà fratture insanabili.

Un tesoro inestimabile

Un potere che diventa sempre più grande, un'autonomia che sfugge a ogni controllo... Tutto questo fa germogliare l'ostilità dei feudatari e dei re, è indubbio: ma non sono soltanto potere e indipendenza a mettere i Templari in una posizione scomoda. C'è dell'altro: il loro straordinario tesoro, che comincia a far gola a tanti.

Come abbiamo già detto, i Templari trascorrono senza combattere i primi anni nel palazzo reale costruito sopra le rovine del Tempio di Salomone. Si racconta che in quegli anni compiano diversi scavi...

Cosa cercano?

Una teoria vuole che cerchino un tesoro, un tesoro molto più importante di tutte le ricchezze monetarie di Gerusalemme: secondo alcuni autori, si tratterebbe dell'Arca dell'Alleanza, scomparsa intorno al 600 a.C., simbolo primo e supremo di ogni conoscenza iniziatica ebraica. I testi antichi raccontano che l'Arca sarebbe stata occultata sull'altura del Moriah, luogo in cui sorgeva proprio il Tempio di Salomone.

Il nucleo originario di Gerusalemme era già abitato quando ha inizio la costruzione del Tempio, nel

950 a.C.; alcune leggende medievali parlano di un'Arca nascosta in una caverna all'interno di questo nucleo originario, prima della cattività babilonese.

Sono state queste leggende a guidare i Templari e a condurli in Terra Santa?

Di tale opinione è lo storico Gaetan Delaforge, autore di un'importante opera sui Templari e la Città Santa. Secondo Delaforge, la funzione originaria dei Templari sarebbe quella di effettuare ricerche per trovare reliquie, vestigia e manoscritti che contengano l'essenza delle tradizioni segrete dell'ebraismo e della religione egizia; egli arriva addirittura a sostenere che i Templari siano riusciti a trovare tali preziosi tesori e che le loro scoperte siano state trasmesse nella tradizione orale dei circoli segreti dell'Ordine.

Del resto, all'epoca dei Templari il Tempio di Salomone è già stato saccheggiato e distrutto: l'oggetto delle loro ricerche non può pertanto consistere in un tesoro inteso nel senso tradizionale...

Se Delaforge avesse ragione, se davvero i Templari fossero riusciti a trovare, anche solo in parte, quello che stavano cercando, la loro velocissima ascesa e la grandezza che hanno raggiunto nei secoli della loro storia troverebbero una spiegazione.

Tutto questo è molto suggestivo, ma resta comunque nel campo delle ipotesi.

Certo è, invece, che i Templari riescono a diventare i nuovi padroni di un antico corpus di conoscenze proprio grazie al contatto con l'Oriente, che consente loro di recuperare una scienza rimasta nascosta nei secoli bui dell'Occidente seguiti allo splendore dei Greci e dei Romani.

E certo è che i Templari arrivano a possedere preziose reliquie, e questo, in un'epoca in cui le reliquie sono molto ambite e hanno un grande valore economico, regala loro una ricchezza enorme e potere.

Ma la ricchezza dei Templari ha confini molto estesi e un valore inestimabile; e può accumularsi grazie alla concessione di numerosi privilegi: in primo luogo, come abbiamo già detto, un'indipendenza quasi assoluta; e poi il diritto elargito dai papi all'Ordine di confiscare i beni mobili e immobili nei territori strappati ai musulmani e la facoltà di amministrarli direttamente.

Sappiamo inoltre che il Tempio dispone di molti porti e arma una flotta che prima rivaleggia con Venezia e poi cerca addirittura di assicurarsi il monopolio dei trasporti fra l'Europa e il Medio Oriente. A Maiorca, Collioure, Saint-Raphaël e Monaco, i Templari dispongono di porti privati, ma non sono sufficienti. Utilizzano anche il porto di Marsiglia, la principale città commerciale della Provenza, beneficiaria delle franchigie nel reame francese di Gerusalemme. Usano questi porti per poter garantire il trasporto delle truppe, assai ben pagato dai sovrani che partecipano alle Crociate, e quello dei pellegrini, di certo non a titolo gratuito: il viaggio per la Terra Santa è rischioso, lungo e molto costoso. Ma i Templari si occupano anche e soprattutto del traffico delle merci: in Europa imbarcano armi, cavalli e viveri; dalla Palestina esportano vini locali, spezie e zucchero; sete e tappeti dalla Persia; tessuti e profumi da Damasco. Grazie al rinnovato contatto fra Oriente e Occidente, quindi, malgrado sia basato essenzialmente sulla guerra, si sviluppa un commercio fruttuoso nel quale i Templari fanno da subito la parte del leone.

Questo significa naturalmente il consolidamento del loro ruolo come punti di riferimento della Cristianità e l'ulteriore accrescimento delle loro ricchezze. Ma non è finita qui: i Templari dimostrano un'abilità straordinaria nel far fruttare tutto quello che arrivano a possedere...

E quello che arrivano a possedere è sterminato.

Ci sono le donazioni, necessarie per il sostentamento di un Ordine militare quanto mai complesso e di uno sforzo bellico nutrito da un grandissimo numero di vocazioni e arruolamenti: signori, grandi e piccoli, cedono e lasciano in eredità, in tutto o in parte, i loro feudi ai Templari; altri lasciano diritti di pascolo, di macina, diritti sugli argini per il passaggio del legname.

E poi, oltre ai nobili e alle persone comuni, ci sono i crociati stessi, i quali, preoccupati per la salute della loro anima o ansiosi di procurarsi un appoggio decisivo negli innumerevoli conflitti feudali che dividono continuamente le forze, soprattutto in territorio francese, fanno ulteriori donazioni.

E poi c'è la guerra, che procura enormi ricchezze ai vincitori.

Inoltre tutti i cavalieri e alcuni sergenti, ricchi borghesi che l'Ordine accoglie nelle proprie file, apportano la loro dote.

Così il Tempio arriva, in una maniera o nell'altra, a possedere intere regioni, comprensive di castelli, villaggi, foreste, terre coltivabili e servi. Ha inoltre i suoi vassalli che pagano il canone per ottenere protezione, molto utile in tempi di conflitto; e, ricordiamolo, il tutto è esente dalle imposte reali.

Questa sconfinata ricchezza sembrerebbe contrastare con la natura dell'Ordine, ma il contrasto è solo apparente: come tutti gli Ordini religiosi, anche i Templari fanno voto di povertà individuale; il Tempio, come struttura, detiene però il diritto di acquisizione di terre e proprietà. Quindi non è il singolo ad arricchirsi, ma l'intero Ordine, e così la contraddizione è sanata.

E adesso vediamo ciò che rende i Templari un corpo unico e straordinario: l'eccellente capacità di gestire e far fruttare tali ricchezze.

I loro granai, molte migliaia solo in Francia, annessi alle commende e coltivati da braccianti, mezzadri e servi, sono magnificamente amministrati.

Certo, la Regola obbliga all'elemosina, e nei periodi di carestia il Tempio dispone distribuzioni gratuite di segalata, la mescola di grano e segale che costituisce la base dell'alimentazione medievale. Ciò non toglie però che l'Ordine si dedichi con cura all'attività del commercio e che presso le innumerevoli commende ci siano magazzini che non servono unicamente né principalmente allo stoccaggio dei prodotti agricoli, ma soprattutto come depositi dove, dietro compenso, i paesani liberi e i mercanti mettono al riparo i loro beni dal saccheggio e dalle tasse dei signori.

E questo è soltanto un aspetto marginale di un'altra importantissima attività del Tempio: la protezione delle strade.

Le vie di comunicazione sono alquanto insicure nel Medioevo: i viaggiatori vengono spesso depredati da bande di briganti e, d'inverno, sono assaliti dai lupi. Questa situazione ostacola gli spostamenti e il commercio. Il trasporto delle merci è inoltre gravato dagli innumerevoli pedaggi dei signori e dei comuni. È evidente che, senza un percorso sicuro e trasporti a buon mercato, il commercio patisce e i prezzi aumentano vertiginosamente da una regione all'altra.

Questo fa sì che, con frequenza, si verifichino situazioni quasi paradossali. Per esempio, nel Medioevo non è affatto raro che un villaggio subisca gli effetti di una terribile carestia provocata dalla grandine o da un'epidemia bovina, mentre il comune o il feudo vicino possiedono grano e bestiame in abbondanza. Eppure, nonostante la soluzione ai nostri occhi appaia semplice, trasportare le merci in abbondanza dal paese florido a quello dove infuria la carestia, per le ragioni che abbiamo appena visto, non è possibile: i costi e le difficoltà rendono infatti inaccessibile il prezzo delle merci per gli affamati. Bene, il Tempio si dedica con successo a risolvere anche questo problema: le sue commende sono collegate da una fitta rete di strade, pattugliate dai cavalieri, che coprono tutto l'Occidente. Queste vie di comunicazione offrono ai viaggiatori stazioni di sosta, gli ostelli, dove passare la notte con gli animali da soma e le merci. Così si risolve il problema della sicurezza. Ma i Templari riescono a risolvere anche quello della lievitazione dei prezzi: sulle loro strade non si paga infatti alcun pedaggio; l'Ordine ne ha preteso la soppressione e nessuno, signore o magistrato comunale, oserebbe contrariarlo. E, oltre a rendere un enorme servizio alla comunità, anche in questo il Tempio riesce a ritagliarsi un abbondante tornaconto: i compensi che percepisce sono minimi, ma l'aumento del traffico lo ripaga ampiamente.

Tuttavia i problemi legati al commercio non sono

del tutto risolti. A ostacolare i traffici, oltre alle difficoltà nei trasporti e il loro costo, c'è anche il fatto che nel Medioevo il contante è molto raro e in genere viene riservato esclusivamente al pagamento delle imposte. Nei villaggi è in uso lo scambio, ma senza moneta gli scambi su ampia scala sono difficili.

Così il Tempio fonda una banca e ogni commenda ne costituisce una succursale. I commercianti vi depositano il loro oro e ricevono dall'Ordine delle lettere di cambio. Quando un commerciante non ha valori monetari, può lasciare merci in garanzia e ricevere il controvalore in lettere. Ma non sono solo i mercanti a usufruire delle banche dei Templari: signori e vescovi, persino il re di Francia, vi depositano i loro tesori. Inoltre il Tempio si incarica dell'esazione di alcune imposte.

Tutto questo fa sì che i Templari, nel XIII secolo, siano i banchieri più potenti d'Europa, con circa 9000 proprietà terriere, tutte esenti da tasse.

Il Tempio di Parigi diventa così il fulcro dello scambio monetario europeo.

L'abilità dei Templari però è ancora maggiore: non lasciano riposare le somme depositate, ma le utilizzano per concedere prestiti a sovrani, nobili, vescovi, comuni e persone qualsiasi, talvolta dietro ipoteca; e i depositi fruttano altre rendite, in una spirale infinita di ricchezza crescente.

Nelle commende si istituiscono anche dei monti di pietà, che praticano il prestito dietro cauzione: si tratta di usura, e questo potrebbe costituire un problema. Secondo le norme dell'epoca, infatti, l'usura è severamente proibita dalle autorità ecclesiastiche e anche dai poteri secolari; possono praticarla solo gli ebrei, che godono di uno statuto speciale... e i Templari, che vivono in uno statuto di extraterritorialità!

Sullo sfondo di questo straordinario circolo di ricchezza e denaro, è affascinante l'ipotesi avanzata da Louis Charpentier nei *Misteri dei Templari*; l'autore si domanda: "Come è possibile che in pochi anni, e in tutte le città contemporaneamente, da Parigi fino alle piccole borgate, si sia potuto trovare il denaro necessario per intraprendere la costruzione delle enormi cattedrali gotiche?".

La risposta che Louis Charpentier si dà è che tutto ciò accade grazie ai Templari. Per rafforzare la sua tesi, l'autore sottolinea come l'Ordine abbia sotto la sua protezione una congrega di maestri di bottega, intagliatori di pietre, muratori, pittori, scultori e incisori di immagini religiose, nell'ottica di quella meravigliosa fioritura edilizia che, come abbiamo visto, è caratteristica anche dei Cistercensi di Bernardo.

Il finanziamento delle cattedrali pone comunque un problema: non è possibile pagare con lettere di cambio i salari di tutti i lavoratori necessari a costruirle. Quindi, i prestiti concessi ai vescovi e ai comuni, presumibilmente dalle banche templari, devono essere versati in contanti e la moneta metallica, come già detto, è molto rara nel Medioevo; la moneta d'argento, poi, è quasi inesistente. Da molto tempo vengono usate le monete dell'epoca romana: i crociati ne portano parecchie dalla Palestina, dove valgono più dell'oro, ma in quantità sempre minime, se si pensa che il tesoro del Tempio in Terra Santa al momento in cui viene evacuata è caricato su dieci muli, ossia un carico minore di una tonnellata. In Europa non si estrae argento dalle miniere: quelle della Germania non sono ancora aperte; quelle russe sono ancora sconosciute.

Resta l'oro, ma quanto ne occorrerebbe per costruire centocinquanta chiese gotiche, fra cui ottanta cattedrali, in cento anni?

Certo molto, molto più di quello disponibile.

Accade però un fatto strano, apparentemente inspiegabile: nella zona di Tolosa i Templari riaprono alcune vecchie miniere, già esaurite dai tempi di Roma: perché?

Non certo per ricavarne qualcosa, e infatti desistono subito dagli scavi. Eppure fanno arrivare dalla Germania minatori e fonditori, che si insediano nelle carbonaie dove vivono in completo isolamento e sotto stretta sorveglianza. La fonderia continua a lavorare dopo la chiusura delle miniere. Nei dintorni, intanto, le commende battono moneta. E in tutta Europa a quei tempi le case dell'Ordine fanno lo stesso. I pezzi coniati non sono più d'oro ma d'argento. E le monete d'argento si moltiplicano, nel corso del XII e XIII secolo, tanto da diventare ben presto una normale forma di pagamento che contribuisce potentemente a suscitare una vera euforia economica.

Ma da dove viene tutto quel metallo? Non dalle miniere di Tolosa...

Perché i minatori e i fonditori vengono trattenuti nonostante le miniere siano esaurite? E perché devono vivere in completo isolamento e sotto stretta sorveglianza?

Nessuno sa niente, o forse alcuni sì, ma tacciono...

Un altro dei segreti del Tempio per il quale, alla fine del nostro viaggio, troveremo una spiegazione.

Una battuta d'arresto: la perdita di Gerusalemme

La storia ci insegna che non c'è ascesa che non conosca ostacoli e battute d'arresto.

La battuta d'arresto subita dai Templari ha un nome ben preciso: Salah ad-Din Yusef ibn Ayyub, noto in Occidente come Saladino, un uomo che, grazie alle sue leggendarie imprese, diventerà uno dei più grandi eroi dell'Islam.

La prima, importante vittoria di Saladino è la conquista di Aleppo nel giugno 1183, che gli regala un Impero che si estende dal Tigri al Nilo. Ma lui non si ferma e, una volta compattato il fronte islamico, riesce a espugnare una città dopo l'altra, fino a che, il 4 luglio 1187, infligge all'esercito cristiano una tragica sconfitta presso una località chiamata i Corni di Hattin.

Quel 4 luglio, i Templari e gli Ospedalieri cavalcano fianco a fianco contro le armate di Saladino, composte da ben 80.000 soldati. Migliaia sono i cadaveri dei cristiani già riversi sul campo di battaglia quando Saladino ricorre a uno stratagemma: fa appiccare il fuoco all'erba, e il fumo avvolge in poco tempo l'esercito crociato, che si ritrova circondato.

Non c'è più niente da fare.

Saladino fa marciare i prigionieri in cima a una collina da dove si vede il lago sacro di Gennesaret e offre loro un'ultima possibilità: la libertà in cambio della rinuncia a Cristo. I prigionieri rifiutano e vengono decapitati. Tutti.

Così Saladino riconquista Gerusalemme all'Islam.

Il 2 ottobre 1187, anniversario dell'ascesa di Maometto in paradiso, Saladino fa il suo trionfale ingresso nella Città Santa e i Templari presenti, per ordine del loro quartier generale, si arrendono. Il Santo Sepolcro non tornerà più in mano cristiana tranne che per un breve periodo, nel 1229, al tempo dell'imperatore Federico II.

L'evento traumatizza l'intero mondo occidentale e intacca il potere dei Templari.

L'Ordine del Tempio era nato appositamente per difendere la Terra Santa: la caduta di Gerusalemme gli arreca un danno enorme; perdere il Sepolcro significa perdere l'onore.

La storia di Saladino e quella dei Templari si uniscono così per restare, paradossalmente, legate per sempre: il valoroso condottiero che ha sottratto Gerusalemme alla Cristianità riposa infatti nella Moschea omayyade, a pochi metri di distanza dal luogo in cui è sepolto il santo che ha ispirato i Templari, san Giovanni Battista.

All'indomani della sconfitta di Hattin comincia il terribile gioco dell'assegnazione delle colpe: parte della responsabilità viene attribuita proprio al Gran Maestro templare Gérard de Ridefort, accusato di aver imprudentemente ingaggiato battaglia con le truppe nemiche alle Sorgenti di Cresson, contribuendo così alla sconfitta; sulla sua personalità temeraria e arrogante si addensano molti sospetti e, per la prima volta, il Tempio perde la sua aura d'inviolabilità e viene guardato con severità e giudicato.

Dopo Hattin la politica dei crociati entra in una fase di crisi e la presenza cristiana in Terra Santa conosce un progressivo e inarrestabile calo. Perduta Gerusalemme, la nuova capitale del regno si stabilisce a San Giovanni d'Acri, in Siria.

L'Occidente comunque non si arrende: fra il 1199 e

il 1203 viene organizzata una nuova spedizione verso Oriente, capeggiata dalla città di Venezia e da alcuni grandi baroni francesi. Una volta arrivato a Costantinopoli, l'esercito crociato approfitta della gravissima fase di decadenza politica attraversata dall'Impero bizantino, si lascia distrarre e deviare dalle grandi ricchezze della città, la saccheggia e non compie la sua missione. Dopo questo evento sconvolgente, che ferisce profondamente gli animi dei credenti e inasprisce molto i rapporti con l'Oriente, la società cristiana comincia a dubitare di poter mai recuperare il Santo Sepolcro.

L'avanzata araba, intanto, procede inesorabile.

Nel 1265 il sultano di Damasco conquista le roccaforti cristiane di Cesarea e Arsuf, presidiate dai Templari. Negli anni successivi cadono anche Giaffa, Safed e Beaufort. Il regno cristiano è ridotto a un'esile fascia costiera che fa capo a San Giovanni d'Acri.

Con il susseguirsi di tutte queste sconfitte, la società occidentale inizia a nutrire dubbi sempre più forti sull'utilità degli Ordini militari: in molti cominciano a chiedersi se sia giusto mantenere in piedi questi colossi pieni di privilegi che, da troppi anni, incassano un fallimento dopo l'altro senza mostrarsi in grado di recuperare i Luoghi Santi.

Nel concilio tenuto a Lione nel 1274 si discute un progetto di riforma che prevede la fusione di Templari e Ospedalieri in un Ordine unico; si ventila anche la possibilità di affidare la guida del nuovo Ordine a un sovrano cristiano, magari vedovo o celibe per rispettare la natura monastica di questi istituti. Nel concilio di Lione si consuma così il primo attacco ufficiale ai Templari, anche se l'iniziativa si risolve in un nulla di fatto per la fiera opposizione dei Gran Maestri del Tempio e dell'Ospedale.

Poi succede l'irreparabile.

Nel maggio 1291 anche San Giovanni d'Acri, l'ultimo baluardo cristiano, la capitale del regno, viene riconquistata, nonostante una disperata resistenza nella quale i Templari danno prova di eroismo: sono infatti gli ultimi ad abbandonare la città data alle fiamme, e il loro Gran Maestro, Guillaume de Beaujeu, muore sul campo per coprire la fuga dei suoi.

L'era delle Crociate si conclude con una sconfitta, l'ennesima.

Gli Ordini militari sono costretti a cercare una nuova sede in Oriente: Templari e Ospedalieri stabiliscono i loro quartieri generali sull'isola di Cipro dove, molto probabilmente, vengono trasportate le reliquie raccolte in Terra Santa.

La caduta di Acri induce il papa, Niccolò IV, a riprendere la proposta avanzata durante il concilio di Lione: convogliare Templari e Ospedalieri in un nuovo Ordine unico, più grande e più forte, finalmente in grado di recuperare la Terra Santa, appare ora davvero necessario.

Del resto, i Templari sono ormai privi di un compito speciale: solo in Spagna e in Portogallo c'è ancora bisogno della loro spada. Così l'Ordine deve adattarsi al nuovo stato di cose e cambia in parte le sue funzioni: se non è più possibile concentrare il servizio prestato alla comunità nell'attività militare perché il fronte islamico è troppo forte, si possono incrementare le funzioni finanziarie per accumulare denaro che un giorno, quando sarà possibile, servirà per la riconquista di Gerusalemme.

Ed è proprio in questa fase della sua vita che il Tempio si trasforma in quella straordinaria banca di cui abbiamo parlato.

La Francia, grazie ai fortissimi legami che da sempre la uniscono all'Ordine, diventa il fulcro di questa operazione: il Tempio di Parigi assume la carica di tesoreria del regno. I Templari gestiscono il patrimonio personale di Filippo il Bello fino al 1295, anno in cui il sovrano francese crea la tesoreria reale del Louvre.

Le pesanti sconfitte in Oriente hanno però intaccato l'onore dell'Ordine, che non è più inattaccabile come un tempo.

Nel 1305 il nuovo papa, Clemente V, riprende per l'ennesima volta il progetto della fusione: chiede ai capi del Tempio e dell'Ospedale di pronunciarsi in merito alla questione e di varare un piano per la nuova Crociata. Il Gran Maestro dei Templari, Jacques de Molay, mantiene la stessa linea tenuta dall'Ordine in occasione del concilio di Lione: si dichiara assolutamente contrario.

Addita il grande pericolo che serpeggia dietro la fusione dei due Ordini e l'accentramento del potere nelle mani di un sovrano europeo: quel sovrano, infatti, secondo il Gran Maestro dei Templari, strumentalizzerà inevitabilmente il nuovo Ordine per i propri scopi politici, dimenticando Gerusalemme e la Terra Santa.

Jacques de Molay però articola il suo rifiuto adducendo anche motivazioni di carattere militare: amalgamare due gerarchie parallele è impossibile, perché nessun dignitario cederà volentieri il proprio ruolo.

Ed è impossibile anche per la natura profondamente diversa dei due Ordini: da una parte, infatti, la fusione costringerebbe l'Ospedale, la cui disciplina militare è assai più blanda, ad assoggettarsi a una forma d'obbedienza molto rigida, quella templare, e a votarsi completamente alla guerra, tradendo così la propria missione originaria di assistenza ai malati; dall'altra, invece, la fusione costringerebbe i Templari ad allentare la disciplina, destrutturandosi come corpo militare e finendo per trasformarsi in un Ordine di amministratori e diplomatici al servizio delle monarchie occidentali.

Per quanto riguarda il secondo progetto che gli viene sottoposto da Clemente V, il varo di un piano per una nuova Crociata, Jacques de Molay sostiene che la guida militare non debba essere affidata al principale candidato, il re di Francia Filippo il Bello, e indica piuttosto la sua preferenza per Giacomo II, re d'Aragona: secondo il Gran Maestro dei Templari, il sovrano iberico può essere molto utile alla causa crociata grazie alla sua potente flotta; inoltre è certamente più affidabile di Filippo il Bello, essendosi dimostrato in numerose occasioni assai rispettoso dell'autorità apostolica e quindi in linea con i principi templari.

È chiaro, a questo punto, che il sovrano francese e i suoi consiglieri cominciano a vedere nell'Ordine del Tempio un serio ostacolo per i loro progetti di politica internazionale; un ostacolo da rimuovere, per svariati motivi...

Nel 1306 Filippo il Bello si trova al centro di una sommossa popolare scatenata da alcune manovre finanziarie che hanno precipitato il regno in una spaventosa inflazione: il sovrano ha urgente bisogno di denaro per affrontare l'emergenza e nella Torre del Tempio di Parigi sono custoditi ingenti capitali liquidi...

È in questo momento di disperazione che, nella sua mente, prende definitivamente forma l'idea della manovra di attacco contro l'Ordine.

Filippo sembra non avere alternative: ha già espulso dalla Francia i banchieri lombardi, intascando quanto più possibile dei loro averi; e ha già trasformato gli ebrei nel capro espiatorio delle difficoltà del Paese per sequestrare i loro beni.

Quando entrambe le manovre deludono le aspettative economiche del sovrano, il suo unico obiettivo diventano le ricchezze dei Templari; ma per attaccare l'Ordine occorre un pretesto.

Inoltre, ha un protocollo da rispettare: il piano di attacco di Filippo al Tempio richiede infatti l'aiuto del papa, l'unico al quale i Templari debbano obbedienza...

E forse il re può ottenere questo aiuto. Con la forza.

Filippo il Bello sta per giocarsi un asso che nasconde nella manica da qualche anno...

La frattura tra il re di Francia e il papato

Filippo sa che può ottenere l'aiuto di Clemente V; sa che può riuscirci ricattandolo.

Per capire come questo sia possibile, dobbiamo fare un salto indietro di un decennio.

Siamo nel 1294, l'anno che vede l'elezione di due grandi protagonisti della nostra storia: quella di Jacques de Molay come Gran Maestro del Tempio e quella di Benedetto Caetani come papa, con il nome di Bonifacio VIII.

Siamo in dicembre: de Molay è in Italia; così va a fare visita al nuovo pontefice e con lui affronta le questioni di politica internazionale rimaste da tempo in sospeso, come l'organizzazione di una nuova Crociata e l'ipotesi di fusione fra Templari e Ospedalieri.

Fra i due si instaura subito una grande stima, reale oltre che istituzionale, basata su alcuni tratti che li avvicinano: entrambi hanno un'altissima considerazione per la dignità del ruolo che sono stati chiamati a rivestire, sono intransigenti, determinati e consapevoli di raccogliere una difficile eredità.

Jacques de Molay si ritrova a essere Gran Maestro di un Ordine sempre più discusso e attaccato, che ha perso lo scopo principale per il quale è nato, la difesa della Terra Santa, e che deve pertanto riorganizzarsi.

Bonifacio VIII deve fronteggiare una fase di forte instabilità del papato ed è costretto a intraprendere una battaglia contro la potente famiglia dissidente dei Colonna, nelle figure dei cardinali Pietro e Giacomo Colonna, che mettono in discussione la sua autorità.

I due cardinali, all'inasprirsi del conflitto con il papa, riparano in Francia per chiedere l'aiuto di Filippo IV il Bello, il quale non esita a cogliere la palla al balzo per sfruttare la situazione a proprio vantaggio e per promuovere la rimozione di un pontefice poco incline ad appoggiare le sue pretese di egemonia. Un pontefice che ha già avuto modo di dimostrargli, come vedremo, la sua ostilità. È anzi addirittura molto probabile che sia lo stesso Filippo a proteggere e strumentalizzare Pietro e Giacomo Colonna.

Nel 1298 Bonifacio, attaccato su due fronti, chiede ai Templari di rilasciargli una ingente somma di denaro per sostenere le esigenze della difesa. La richiesta viene raccolta ed esaudita, e il papa ha modo di verificare che l'Ordine del Tempio è fedele al suo impegno di fedeltà assoluta verso il papato: decide dunque di accantonare definitivamente il progetto di fusione fra Templari e Ospedalieri, e non ne parlerà più durante tutto l'arco del suo pontificato.

Questo, naturalmente, non fa che inasprire ancora di più i dissidi con il re di Francia: sembra davvero una spirale senza fine...

Il 18 novembre 1302 Bonifacio emana la bolla *Unam Sanctam*, nella quale ribadisce la supremazia assoluta del potere spirituale su quello temporale, pena, in caso di ribellione, la scomunica.

Ma Filippo il Bello e i Colonna hanno un asso nella manica da giocarsi: un processo per destituire il papa. Perché il processo possa realmente essere celebrato, occorre però la presenza di Bonifacio VIII. A questo scopo Filippo il Bello incarica il consigliere di Stato, Guillaume di Nogaret, di catturare il papa e condurlo a Parigi. Il pontefice viene a conoscenza del piano e tenta, come può, di correre ai ripari: nell'agosto 1303 indice un concistoro e prepara la bolla *Super Petri Solio*, da pubblicare l'8 settembre.

Il 7 settembre 1303, tuttavia, gli emissari del sovrano, Guillaume di Nogaret, Sciarra Colonna e numerosi soldati ghibellini, irrompono ad Anagni dove tengono per tre giorni sotto assedio il palazzo pontificio. I sostenitori di Bonifacio, aiutati dai cittadini di Anagni, riescono a liberarlo e, il 25 settembre 1303, il papa rientra finalmente a Roma. Lo sforzo e l'umiliazione lo uccidono comunque dopo pochi giorni, l'11 ottobre 1303.

A questo punto il re di Francia sembra avere la meglio: con la morte dell'avverso pontefice può infine sperare nell'elezione di un papa favorevole ai suoi progetti, e macchinare a tale scopo.

Ma come siamo arrivati a questo punto? Come è riuscito Filippo a sconfiggere Bonifacio VIII?

Su quali basi il re di Francia pensa di istruire un processo, che per ora resta in sospeso, per delegittimare il papa?

Molte sono le accuse contro il pontefice raccolte dal sovrano e dai suoi consiglieri, ma la principale è sicuramente quella che porterebbe addirittura all'annullamento del pontificato di Benedetto Caetani: un'accusa che prende le mosse dalla clamorosa rinuncia al soglio pontificio del precedente papa, Celestino V.

Il progetto Aquila

Il santo eremita

Bonifacio VIII, al secolo Benedetto Caetani, il papa che si scontra con Filippo il Bello, sale al soglio pontificio alla vigilia di Natale del 1294.

Si tratta di un'elezione insolita: infatti, soltanto undici giorni prima, il 13 dicembre, si è verificato un fatto eccezionale: il precedente papa, Celestino V, ha proclamato la sua solenne abdicazione dopo un pontificato durato solo cinque mesi e otto giorni.

È proprio su questa stranezza, e sulle tante altre che nasconde, che il re di Francia intende istruire il processo per delegittimare Bonifacio VIII.

È necessario, a questo punto, fare un ulteriore salto indietro per provare a scoprire chi è e perché ha rinunciato al pontificato Celestino V, al secolo Pietro Angeleri, un papa controverso, misterioso e affascinante, che è forse destinato a giocare nella nostra storia un ruolo molto importante.

Pietro Angeleri, undicesimo di dodici figli, nasce in Molise, a Isernia o a Sant'Angelo Limosano, intorno al 1210 da una famiglia di semplici contadini. Sin da giovane inizia il suo personale cammino verso la spiritualità scegliendo una strada difficile: quella dell'eremitaggio.

Pietro raggiunge la Maiella, un massiccio montuoso dell'Appennino abruzzese, e si stabilisce in una grotta del monte Palleno (il Porrara), oggi chiamata il Santuario della Madonna dell'Altare, nel comune di Palena, a oltre 1100 metri di altezza. L'inverno è molto rigido e le condizioni di vita sono particolarmente dure.

Ben presto Pietro riesce a guadagnarsi l'ammirazione della gente: in molti vorrebbero confessarsi da lui, ma l'eremita, in linea con la sua propensione all'umiltà, ha deciso di non accedere alla dignità sacerdotale e di rimanere laico. Il suo è un cammino personale e l'unico interlocutore che desidera è Dio. Gli abitanti di Palena e del circondario non sono del suo stesso avviso e lo pregano di diventare sacerdote, per poter meglio rispondere ai loro bisogni spirituali: ormai Pietro è una guida per troppe persone e non può sottrarsi.

Poco più che ventenne, inizia il curriculum degli studi a Fossacesia e successivamente a Roma. Nel 1239 è ordinato sacerdote, celebra la sua prima messa a Roma, in san Pietro in Montorio, sul Gianicolo, e riceve l'autorizzazione a condurre una vita eremitica.

La fama della sua bontà e della sua sapienza si diffonde rapidamente. La gente parla di conversioni, di prodigi, di guarigioni: è già un santo e in molti lo raggiungono per chiedergli una grazia o anche soltanto per sentirsi dire una parola. Pietro, desideroso di sottrarsi a queste acclamazioni pubbliche, cerca luoghi più aspri e solitari. Lascia Roma e valica il monte Morrone; si addentra nei luoghi più impervi della Maiella e si stabilisce nella grotta in cui fissa il punto di forza della sua ascesi mistica. La sua cella si trova in un ambiente angusto, freddo e umido; sul fondo c'è un gradone che gli serve come letto, ma è talmente corto che Pietro è costretto a dormire rannicchiato. Sceglie di condurre una vita di stenti e autoflagellazioni, ma non può, come forse vorrebbe, rimanere solo. Centinaia di uomini desiderosi di condividere la sua esperienza e di averlo come maestro spirituale lo hanno seguito. Gli infermi si recano da lui per avere una parola di conforto, sperando nella guarigione.

Anche se non era nelle sue intenzioni originarie, Pietro finisce per fondare una Congregazione di suoi seguaci che chiama gli "Eremiti di san Damiano", detti poi semplicemente Celestini: ne detta le regole e ne sancisce la rigida disciplina.

L'eremita della Maiella è un eremita singolare; non è votato esclusivamente alla teologia, alla meditazione e alla contemplazione, lontano dalla realtà, dal contesto storico e sociale: i continui spostamenti e la sua vocazione lo portano a stabilire innumerevoli contatti sociali e a realizzare strutture per la comunità, come ospizi e mulini. La sua missione di evangelizzazione mira a una stretta comunione con il prossimo e, soprattutto, all'affrancamento dei poveri dai loro padroni.

Pietro Angeleri è il santo della gente comune. Lo è per acclamazione popolare. Lo è, forse, malgrado la sua volontà.

Nel 1274 papa Gregorio X indice il concilio di Lione, che già conosciamo per la proposta di fusione dei Templari e degli Ospedalieri. Quando Pietro viene a sapere che, in occasione del concilio, il papa sopprimerà gli Ordini di più recente istituzione, tra cui il suo, si avvia a piedi insieme a due confratelli, fra Giovanni d'Atri e fra Placido de Matteis, per raggiungere la città francese. Ha già compiuto i sessant'anni: cammina per quattro mesi, d'inverno, con la neve, finché arriva a Lione, dove viene accolto e ospitato, dall'inizio di febbraio 1274 alla fine di marzo, in un'abbazia cistercense.

Qui Pietro incontra i Templari.

Non sappiamo cosa sia successo durante questo incontro, ma sappiamo che da allora la vita di Pietro cambierà radicalmente.

E sappiamo che, tornando da Lione, il frate si recherà ad Aquila e troverà riparo nella chiesa di Santa Maria dell'Assunzione, dove gli apparirà in sogno la Vergine per chiedergli di costruire, in quella stessa area, una grande basilica. Quella basilica sarà l'abbazia svevo-cistercense di Santa Maria di Collemaggio, che Pietro dedicherà a Maria, in quella città circondata da monti imponenti. La stessa città nella quale, con ostinata fermezza, Pietro Angeleri vorrà essere incoronato papa il 29 agosto 1294, nel giorno dell'anniversario della decollazione di san Giovanni Battista, il santo che per Pietro è una voce guida, l'uomo del deserto, il patrono degli eremiti, il profeta, il precursore... Quel santo così caro ai Templari.

Molte prove e testimonianze parlano della presenza dei cavalieri del Tempio nei territori abruzzesi già prima dell'arrivo di Pietro.

Gli affreschi di Santa Maria ad Cryptas a Fossa, a pochi chilometri dall'Aquila, portano il segno tangibile dei Templari. La *Flagellazione*, la *Crocefissione* e la *Deposizione* mostrano un Gesù molto più alto dei suoi contemporanei, esattamente come sembra dimostrare l'immagine impressa nella Sacra Sindone di Torino. Nella *Deposizione* la postura della testa e la particolare posizione del pollice della mano rimandano, ancora, all'impronta sindonica.

Sembrerebbe proprio che chi ha realizzato questi affreschi abbia visto la Sindone e, come vedremo, molte prove lasciano intendere che i Templari, per un certo periodo della storia, abbiano tenuto il sacro lenzuolo. Ma su questo torneremo.

Le tracce dei Templari in Santa Maria ad Cryptas, comunque, non si limitano a queste: nella chiesa c'è l'affresco di due cavalieri, san Giorgio e san Martino; hanno i colori dell'Ordine del Tempio e san Martino indossa anche un mantello bianco, lo stesso dei monaci-cavalieri.

È un caso se Pietro Angeleri, dopo la permanenza a Lione e l'incontro con i Templari, sceglie di fermarsi proprio ad Aquila, la città fortemente voluta e amata dall'imperatore Federico II?

Oppure, in occasione di quell'incontro, i Templari affidano a Pietro una missione da portare a termine, una missione a cui lo stesso Federico II ha dato inizio?

Il grande sogno di Federico II

Federico II, nato nel 1194, a ventisei anni si ritrova a essere capo del Sacro Romano Impero, re di Germania, d'Italia, di Borgogna, di Gerusalemme e di Sicilia: governa un Impero unificato e sconfinato che comprende mezza Europa, dalle terre a nord del Reno fino alla Sicilia.

Questo Impero però ha un problema: lo Stato della Chiesa, che si frappone fra le sue terre e le divide. E Federico II deve risolverlo.

Ma in quale modo è coinvolto questo grande imperatore, chiamato *stupor mundi*, "meraviglia del mondo", nella nostra storia?

Innanzitutto Federico II di Svevia è l'ultimo grande discendente degli Hohenstaufen, una stirpe strettamente legata all'Ordine dei padri Cistercensi, che già abbiamo incontrato con Bernardo di Chiaravalle, promotore della Regola templare.

Non appena la regione intorno ad Aquila passa, nel 1194, sotto il dominio svevo, per restarci fino al 1267, ha inizio la penetrazione dei monaci Cistercensi in tutto quel territorio.

Ancora prima della sua incoronazione a Roma, nel 1220, Federico chiede di essere accolto proprio nelle file dei Cistercensi con una lettera particolarmente umile, nella quale si presenta come un debole peccatore: da allora la collaborazione tra l'imperatore e i Cistercensi è ufficiale e intensa in tutto il regno.

Il coinvolgimento dell'imperatore nella nostra storia, tuttavia, è di gran lunga maggiore...

Infatti è proprio Federico II a fondare Aquila. E con un'idea ben precisa: costruire una grande città nel nord estremo del Regno di Sicilia, cioè il più vicino possibile ai territori dello Stato Pontificio che, spezzando in due il suo regno, gli creano notevoli problemi.

L'intento di Federico, però, non è semplicemente quello di unificare il regno; il suo sogno è ben più ambizioso: governare un vasto territorio unito sotto le insegne di una "Nuova Roma"; fondare una nuova capitale nel cuore dell'Impero con annessa la sede papale, per dare forma alla sua idea di Stato ideale, la riproposizione del concetto di un Sacro Romano Impero rivitalizzato e ricostruito in uno Stato laico che unifichi tutti i popoli e abbia però fondamenta spirituali oltre che politico-economiche; uno Stato autenticamente sacro e autenticamente imperiale in grado di realizzare l'antichissimo sogno di un regno celeste in terra.

Un sogno maestoso che non può non allarmare Roma e la sua curia. E in questo sogno la fondazione della città di Aquila rappresenta un passaggio fondamentale.

Nell'inverno fra il 1229 e il 1230 un'alluvione del Tevere provoca oltre 5000 vittime: la città eterna è in ginocchio. Con Roma che affoga nel fango, e Gerusalemme sul punto di essere perduta di nuovo e per sempre, le circostanze che inducono Federico II a pensare a una nuova Roma cominciano a prendere una forma molto concreta. E la nuova Roma sarà Aquila, centro del potere temporale e spirituale.

Per rendere tangibile tutto questo, Federico vuole che la sua città prenda come modello la pianta di Gerusalemme.

L'imperatore non teme l'ovvia ostilità papale. Il 23 marzo 1228 è già stato scomunicato da papa Gregorio IX per non aver onorato la promessa, fatta al precedente pontefice, di partire per la Crociata d'Oriente; e lo sarà di nuovo il giorno della Domenica delle Palme del 1239 per aver sostenuto i romani ghibellini, che si sono ribellati al papa. Federico è certo che, malgrado la scomunica, la maggior parte del clero siciliano e tedesco si schiererà dalla sua parte e quindi va avanti, sicuro, sulla sua strada.

Pur potendo farlo, sceglie opportunamente di non distruggere Roma: se lo facesse si attirerebbe l'inimicizia dei cristiani, cosa che non vuole né può permettersi.

Federico porta invece avanti il suo progetto e, grazie all'alleanza con i Cistercensi, eccelsi edificatori, sorge Aquila, la città che l'imperatore fa nascere sotto gli auspici delle sue insegne vittoriose, sigillandola con il suo emblema nel nome, nello stemma e nel "disegno divino".

Poco prima della morte di Gregorio IX, Federico decide di rompere ogni indugio: sequestra i cardinali che dovranno eleggere il nuovo papa per assicurarsi che non intralci più i suoi piani.

Gregorio IX si spegne il 22 agosto 1241. Alla sua morte segue un complesso conclave al termine del quale viene eletto un pontefice filofedericiano: Goffredo di Castiglione, proveniente dall'abbazia cistercense di Hautecombe, che assume il nome di papa Celestino IV. È il 25 ottobre 1241 e forse non è una coincidenza che anche Pietro Angeleri, il futuro papa Celestino V, si trovi a Roma.

Con Celestino IV sul trono pontificio l'imperatore non ha più ostacoli...

Il suo sogno però dura appena diciassette giorni: il 10 novembre 1241 Celestino IV muore, probabilmente assassinato. È in questo momento critico che Pietro Angeleri decide di fondare l'Ordine dei Celestini.

Un caso?

Non possiamo saperlo, ma certamente la fondazione del nuovo Ordine è piuttosto strana: i Celestini seguono la Regola benedettina; perché creare una nuova congregazione analoga quando esiste già l'Ordine Cistercense, molto affermato e basato sulle medesime regole?

Intorno al 1243 Pietro Angeleri lascia Roma per far ritorno al monte Morrone; raggiunge la Maiella e si rinchiude in penitenza. Ma forse aspetta; o si prepara...

Con la morte di Celestino IV il trono di Pietro resta di nuovo vacante. Federico, nel frattempo, sposta la capitale del suo regno a Foggia, nel nord della Puglia.

Il 25 giugno 1243, dopo quasi due anni di dispute, i cardinali riuniti ad Anagni eleggono Sinibaldo Fieschi, che assume il nome di Innocenzo IV: le sorti della disputa iniziano a pendere a favore dei congiurati romani avversi a Federico, e i rapporti fra il papa e l'imperatore diventano sempre più aspri.

Nel 1244 il pontefice organizza una clamorosa fuga da Roma traendo in inganno Federico. Con il pretesto di un incontro di negoziazione a Narni, Innocenzo IV lascia Roma e, invece di recarsi all'appuntamento, forse avvertito di una trappola predisposta dall'imperatore, cambia direzione d'improvviso, raggiunge Civita Castellana e poi Civitavecchia, da dove salpa per Genova. Innocenzo arriva infine a Lione dove, per la prima volta volontariamente nella storia del papato, esilia la curia papale.

Il 28 giugno 1245 si apre, proprio a Lione, il concilio ecumenico. La questione da affrontare è una sola: la scomunica e la deposizione di Federico II, che scioglie i suoi sudditi e i vassalli dall'obbligo di fedeltà, con l'invito ai nobili elettori tedeschi a proclamare un nuovo imperatore.

Da questo momento Federico II si ritrova a dover fronteggiare sempre più ribellioni e attacchi, e negli ultimi anni vive ossessionato dal tradimento finché, il 13 dicembre 1250, all'età di cinquantasei anni, si spegne nella residenza fortificata di Castel Fiorentino, in Puglia.

Secondo la leggenda, a Federico era stata predetta la morte *sub fiore*, "sotto il fiore", motivo per cui, pare, avrebbe sempre evitato di recarsi a Firenze. Informato del nome del borgo in cui, infermo, viene condotto per trovare conforto e riposo, Castel Fiorentino appunto, Federico, sempre secondo la leggenda, comprende e accetta il suo destino. Vuole morire indossando la tunica dei padri Cistercensi, in un ultimo gesto che sancisca la fratellanza spirituale con l'Ordine al quale è stato legato per tutta la vita. Viene sepolto nel duomo di Palermo, dove ancora oggi riposa.

Ma il suo sogno non muore con lui: Federico lo lascia in eredità, forse a un altro Celestino...

La sua città, intanto, sta crescendo sotto la sapiente guida degli architetti cistercensi e sotto la protezione di un tenace eremita.

Il suo sogno si chiama Aquila...

Aquila: la nuova Gerusalemme

Esiste in Italia una città nata per un progetto preciso e ancora non del tutto chiarito?

Ed è forse Aquila (solo nel Novecento si chiamerà L'Aquila), alla quale Federico II impone, nel nome, il sigillo imperiale?

La città che fa progettare in modo che, nella sua stessa struttura urbana, ricalchi la sagoma di un'aquila con le ali spiegate...

Certo è che Federico II le dedica un'enorme attenzione, tanto da incaricare Michele Scoto, suo mago e astrologo personale, di scoprire nei dati astrali il momento propizio per la sua fondazione. Un'attenzione che lascia intendere l'importanza che la città è chiamata a rivestire.

I maestri costruttori cistercensi ostentano in questa occasione tutta la loro sapienza costruttiva, quella sapienza che ha dato vita alle grandi cattedrali gotiche dell'Europa medievale.

Le mura della città sono intervallate da ottantasei torri. Secondo quanto evidenziano le antiche piante, vi sono dodici porte, tre per ogni lato.

Il perimetro tracciato del nuovo centro urbano è talmente esteso da superare persino quello di Roma. Di lì a pochi anni la Nuova Gerusalemme sarà costellata da un numero smisurato di chiese, decisamente sproporzionato se rapportato a quello degli abitanti. Così come è spropositato il numero dei castelli.

Quando avvia la fondazione di Aquila, Federico accoglie la richiesta di formare un centro più vasto degli altri, formulata dagli abitanti dei castelli, novantanove secondo la leggenda, che sorgono sulle terre vicine.

Una città formata da novantanove rioni, ciascuno costituito da uno dei novantanove castelli circostanti: sin da subito strettissimo è il legame fra Aquila e questo numero.

Leonardo Pisano, detto Fibonacci, il celebre matematico della proporzione divina, uno dei grandi esperti riuniti alla corte di Federico, ricerca il numero cabalistico della nuova capitale spirituale, la cifra magica che le garantirà protezione dalle forze cosmiche e dalle negatività astrologiche.

Quel numero è il novantanove, tre volte trentatré; tre, il numero della Trinità, moltiplicato per trentatré, gli anni di Cristo.

Secondo Luca Ceccarelli e Paolo Cautilli, autori di *La Rivelazione dell'Aquila*, il novantanove sarebbe stato scelto anche e soprattutto per il legame che Federico vuole istituire con Gerusalemme. Il numero della Città Santa è il sessantasei, cifra che corrisponde al valore numerico della parola "Dio". Aquila è la sua copia occidentale, ma topograficamente capovolta, ossia con i punti cardinali invertiti: quindi, novantanove come capovolgimento di sessantasei.

Questa naturalmente è solo un'ipotesi, ma in effetti, se si confrontano le mappe urbane del XIII secolo, ruotando la mappa dell'una o dell'altra città di 180 gradi sembrerebbe proprio che la sovrapposizione sia più o meno precisa: rispetto a Gerusalemme, infatti, la pianta di Aquila ha i punti cardinali invertiti, vale a dire che le piante delle due città si possono sovrapporre se al nord di Gerusalemme facciamo corrispondere il sud di Aquila.

Del resto, a cosa possono servire così tante chiese se non ad accogliere i futuri pellegrini della nuova "Città Santa"?

Le similitudini fra Aquila e Gerusalemme sono molteplici. Le due città sorgono entrambe su delle colline: Aquila è a 714 metri sul livello del mare e Gerusalemme a 750.

Altra corrispondenza è nella disposizione dell'urbanizzazione rispetto ai fiumi Cedron, a Gerusalemme, e Aterno, ad Aquila, che scorrono fiancheggiando le due città in modo molto simile.

Straordinario poi è il possibile paragone fra la Piscina di Siloe di Gerusalemme e l'aquilana Fontana delle Novantanove Cannelle, completata nel 1272. Le due opere di ingegneria idraulica, infatti, occupano posizioni analoghe nelle città: a meridione, adiacenti a una porta muraria e ai corsi dei fiumi.

A nord di Gerusalemme svetta il monte del Tempio, che per Aquila corrisponde all'importante chiesa di Santa Giusta; poco più in là, il monte degli Ulivi della Città Santa è in relazione con il colle aquilano su cui sorge la basilica di Santa Maria di Collemaggio.

Ed è proprio questa basilica a suscitare ancora numerosi interrogativi...

Perché è così imponente e maestosa se anche la sola idea che vi debba avere luogo l'incoronazione papale di Pietro Angeleri è ancora tanto lontana?

Perché è destinata a conservare almeno due preziose reliquie? Si tratta di una spina della corona di Gesù e dell'indice della mano destra di Giovanni Battista, indicati dal documento Schiffman, di origine massonica, come dono di re Baldovino e parte del tesoro dei Templari?

Ed ecco ritornare i Templari ...

Ma c'è dell'altro: la basilica di Santa Maria di Collemaggio è voluta proprio da Pietro Angeleri, costruita dai Cistercensi e consacrata il 25 agosto 1288 alla presenza di ben otto vescovi.

È forse a Collemaggio che si compie il passaggio di consegne del progetto Aquila di Federico II di

Svevia nelle mani di Pietro, sotto la vigile supervisione dei Templari?

Perché la basilica ha mura e soprattutto fondamenta forti e possenti, diverse dalle altre costruzioni religiose? Cosa dovevano difendere, proteggere o custodire?

È forse per questo che il frate eremita, molisano d'origine, innamorato della Maiella e del Morrone, vuole che il centro spirituale della sua religiosità sia Aquila?

Ed è per questo, infine, che nel 1294 vorrà essere incoronato papa a Santa Maria di Collemaggio, sebbene allora la basilica fosse ancora incompleta?

Del resto, se i Templari scelgono di sposare il grande sogno di Federico II – riunire la Cristianità in un unico regno collegato ai piani celesti attraverso un *rex-pontifex*, un "re-papa" – la precarietà della posizione di Gerusalemme, ormai in mano ai musulmani e comunque zona fortemente a rischio come centro della Cristianità, rende necessaria la fondazione di una nuova capitale. E questa capitale per i Templari non può essere Roma, perché la curia, ammaliata e ricattata com'è dal potere temporale, da tempo non dà prova di corretto esempio di vita cristiana.

Tutto questo sembrerebbe perfettamente logico e, a sostegno di tale teoria, c'è un fatto che abbiamo più volte evocato e che ora dobbiamo raccontare: l'incoronazione di Pietro Angeleri come papa, con il nome di Celestino V, nella basilica di Santa Maria di Collemaggio, che ha un simbolismo di grandissima valenza iniziatica, e in un giorno particolare, il 29 agosto. Nella basilica consacrata alla Vergine, quindi, alla *domina* dei Templari, e nel giorno della decollazione di san Giovanni Battista, un santo importante per i Templari e per lo stesso Pietro...

Il papa della Perdonanza

Il 4 aprile 1292 muore papa Niccolò IV. Dopo due anni i cardinali riuniti in conclave a Perugia non sono ancora riusciti a eleggere il suo successore. Le ragioni per una così lunga incertezza sono molteplici: dalle contese di carattere personale e familiare fra gli Orsini e i Colonna alle discussioni di natura religiosa fra i Domenicani, i Francescani e i Benedettini, e quelle politiche tra la casata degli Angioini e quella degli Aragonesi.

Il 6 aprile 1294 Carlo II d'Angiò, re di Napoli, preoccupato per la situazione della Chiesa e, di conseguenza, per la stabilità politica europea, si reca all'eremo di Sant'Onofrio, dove ritroviamo in meditazione e in preghiera Pietro Angeleri. Sollecitato dal sovrano, il vecchio eremita scrive una lettera di esortazione al conclave nella quale predice per la Chiesa "gravi castighi" se questa non provvederà subito a scegliere il proprio pastore. Il conclave reagisce in modo inaspettato ed elegge all'unanimità proprio Pietro, ormai molto anziano, come capo della Chiesa: è il 5 luglio 1294.

Secondo molti storici, l'elezione di un papa così avanti con gli anni e così pacifico è solo un tentativo della curia di prendere ancora tempo... Ma presto vedremo quanto questa idea sia lontana dalla verità.

La notizia dell'elezione di Pietro Angeleri, che nel frattempo si diffonde in tutta Italia, raggiunge l'eremo nella grotta di Sant'Onofrio solo il 17 luglio, ed è proprio Carlo II d'Angiò, insieme al figlio Carlo Martello e a un gruppo di cardinali, vescovi e pellegrini, a portare la notizia al frate.

La prima reazione di Pietro è un forte sgomento: chiede ai nobili nunzi di potersi ritirare per rivolgersi a Dio e interrogarlo sulla decisione da prendere; poco dopo si ripresenta accettando di essere papa.

Il 25 luglio 1294 Pietro Angeleri entra ad Aquila a cavallo di un asinello, scortato da due re, il re d'Ungheria Carlo Martello e suo padre Carlo II d'Angiò, re di Sicilia; con loro c'è anche il cardinale Pietro Colonna.

I cardinali che lo attendono a Perugia scrivono invano lettere di protesta per esortare il pontefice a scegliere un'altra città per l'incoronazione, una città che almeno non sia al di fuori dello Stato della Chiesa: ma Pietro non si piega; i cardinali devono cedere e alla fine non possono far altro che affrettarsi a raggiungere Aquila.

Il 29 agosto, giorno della decollazione di san Giovanni Battista, protettore dei Templari, Aquila è piena di prelati, re, baroni, cortigiani, e di una folla immensa di devoti; fra i presenti ci sono anche Tommaso d'Aquino e, secondo alcuni, Dante.

Duecentomila persone assistono all'incoronazione del pontefice: il cardinale francese Ugo Seguin de Billon ordina Pietro come vescovo di Roma, e il cardinale Matteo Orsini lo incorona papa della Chiesa universale.

Tuttavia, è necessario soffermarci ancora un attimo sulla data dell'incoronazione e sulla sua importanza simbolica.

San Giovanni Battista è spesso considerato il capo della Chiesa interiore e, secondo certe tradizioni, sarebbe in tal senso l'opposto di san Pietro, capo della Chiesa esteriore. San Giovanni Battista, inoltre, è colui che ha creato il sacramento del Battesimo, attraverso il quale ci si lava dal peccato originale e si rinasce in Dio, così che l'anima possa ricevere la vita eterna. Giovanni è la *vox clamantis in deserto* contro la degenerazione della religione e della politica nell'antica Giudea. È un precursore, e quando incontra Gesù riconosce in lui il vero latore di un messaggio nuovo.

Il 24 giugno è il giorno più lungo dell'anno e in questa data il calendario cristiano celebra la nascita di san Giovanni Battista: un fatto insolito, visto che per gli altri santi si commemora la morte, in una visione secondo la quale il martirio è considerato la via più breve per la canonizzazione. San Giovanni Battista si celebra invece nella ricorrenza della sua nascita, proprio come Gesù.

Tutti questi valori simbolici sembrano sposarsi perfettamente con la storia che abbiamo narrato finora: Giovanni Battista, il capo della Chiesa interiore, in contrapposizione a Pietro, capo della Chiesa esteriore, come Aquila è in contrapposizione a Roma; Giovanni Battista, colui che ha creato il sacramento del Battesimo, attraverso il quale ci si lava dal peccato e si rinasce in Dio, come Aquila, la città che riscatterà la spiritualità dagli errori nei quali è caduta la Chiesa di Roma; Giovanni Battista, la *vox clamantis in deserto*, e ancora Aquila che si contrappone alla corruzione di Roma; Giovanni Battista, colui che incontra e riconosce Gesù, il santo del quale si festeggia la nascita come si festeggia la nascita di Gesù, e quindi Aquila incarnata da Giovanni, come la Nuova Gerusalemme è incarnata da Gesù.

E la forte contrapposizione con Roma è evidente in tutto quello che Celestino V, in quanto papa, fa: la scelta di non farsi incoronare a Roma, naturalmente, e poi la nomina di ben tredici cardinali, nessuno dei quali romano, e soprattutto l'emissione della bolla della Perdonanza. Il 29 settembre, a un mese esatto dalla sua salita al soglio pontificio, Celestino l'affida a un notaio laico: palese testimonianza della sua sfiducia nei confronti della gerarchia ecclesiastica romana.

La bolla della Perdonanza è un evento straordinario: grazie a essa chiunque può ottenere la remissione totale dei peccati semplicemente varcando, nella notte fra il 28 e il 29 agosto di ogni anno, la porta di Santa Maria di Collemaggio con animo sinceramente pentito e in comunione con Dio e con gli uomini, un Giubileo ante litteram che esalta Aquila e gli aquilani e colloca Collemaggio al centro del mondo cristiano...

Il sogno di Federico II è diventato realtà.

E la Perdonanza ha una valenza grandiosa, uno smacco incalcolabile al potere della Chiesa, se si considera che questa si era servita, fino ad allora, delle indulgenze per indurre la gente ad attuare i propri programmi, per esempio per spingerla a partecipare alle Crociate o a sborsare denaro per la costruzione di chiese.

La grandezza di Celestino però va ancora oltre: a differenza delle indulgenze, che non cancellano il peccato né la colpa ma solo la pena temporale, la Perdonanza prevede l'assoluzione sia dalla pena che dalla colpa.

E ancora: grazie alla Perdonanza il perdono è concesso a tutti i fedeli di Cristo, non solo ai privilegiati che possono dedicarsi a imprese al servizio della Chiesa; a chiunque, ricco o povero, si rechi a Collemaggio con una condizione interiore idonea per meritare la benevolenza divina.

Ma non è ancora finita: Celestino affida la bolla della Perdonanza alle autorità comunali, ed è proprio questo che permetterà alla Perdonanza di sopravvivere malgrado l'intenzione del papa successivo, Bonifacio VIII, di revocarla e invalidarla; nonostante Bonifacio VIII annunci, nel 1300, il Giubileo di Roma che vorrebbe, ma non può, sostituirla.

La Perdonanza dunque è un evento di alta spiritualità, ma viene affidato al comune: ancora oggi la bolla del Perdono è custodita nel palazzo comunale; da qui viene trasferita in corteo nella basilica di Collemaggio; le autorità religiose si uniscono a metà del percorso su invito del sindaco, che ne dà lettura davanti a decine di migliaia di fedeli.

La stessa basilica di Santa Maria di Collemaggio è di proprietà del comune e della provincia abruzzese.

Perché Celestino non affida la bolla al vescovo?

È forse consapevole che la Chiesa cercherà di distruggere lo scomodo documento e il privilegio concesso a Santa Maria di Collemaggio e alla città di Aquila?

Il 6 ottobre 1294 Celestino lascia Aquila. Il 17 ottobre è a Cassino. Il 5 novembre è a Napoli, dove trasferisce la sede papale.

Poi, improvvisamente, il 13 dicembre 1294, dopo cinque mesi e otto giorni di pontificato, in pubblico concistoro si dimette dal soglio supremo, in quello che Dante nella sua *Commedia* definisce "il gran rifiuto".

Nel turbamento generale, il cardinal Matteo Rosso Orsini chiede al pontefice di emanare una speciale costituzione nella quale sia specificato che il papa, per giusta causa, abbia facoltà di rinunciare al supremo grado: è solo un dettaglio burocratico, ma è necessario per evitare che qualcuno, un giorno, possa invalidare l'elezione del successore. Un dettaglio burocratico del quale Filippo il Bello non terrà conto.

Celestino non ha alcuna esitazione: detta allo stesso cardinal Orsini il testo della costituzione e subito lo sottoscrive. Poi abbandona il concistoro.

La storia racconta che Pietro Angeleri si alza dal trono, raggiunge il centro della sala e qui, tra lo stupore generale, seduto a terra, comincia a spogliarsi delle vesti papali. Si toglie dal capo la tiara e la depone sul pavimento, si toglie l'anello, il piviale rosso, la stola e la cotta. Si rialza, indossa il suo vecchio, logoro saio da eremita, attraversa la sala in mezzo agli ori e alle porpore dei cardinali, e se ne va.

Semplicemente, se ne va.

Anche nella forma dell'abdicazione non si nota in Celestino V quella "viltà" che Dante gli attribuisce nella *Divina Commedia*.

Già dall'indomani si accendono le polemiche sulla figura di Celestino e sul suo pontificato, sul significato e il valore di quella rinuncia; un dibattito che non si è ancora spento.

La Cristianità vive un grande sconcerto in campo spirituale, giuridico e teologico. L'abdicazione ha profonde ripercussioni negli equilibri della politica europea e la successione avviene pertanto con grande rapidità, dopo appena dieci giorni, contro gli oltre due anni necessari per l'elezione di Celestino V: il 24 dicembre, vigilia di Natale, sale al soglio pontificio Benedetto Caetani, esponente di una delle più potenti famiglie aristocratiche romane, fine giurista e abile diplomatico. Il nuovo eletto trova un ampio consenso in seno al collegio cardinalizio.

Il desiderio che Pietro manifesta subito dopo l'abdicazione è quello di sempre: tornare al suo eremitaggio; così, si avvia verso il Morrone. Ma il nuovo pontefice teme che i suoi nemici possano strumentalizzare Pietro e costringerlo a revocare l'atto di abdicazione per dar vita a uno scisma della Chiesa. Per questo Bonifacio gli impone lo stato di fermo, in virtù del quale dovrà vivere presso la curia sotto sorveglianza.

Un drappello di uomini armati della scorta di Bonifacio lo raggiunge al Morrone, nella sua grotta. Si racconta che per compassione nei confronti di quest'uomo anziano e raccolto in preghiera, il drappello papale decida di lasciarlo nel suo eremo e di tornare dal pontefice senza l'ostaggio. Bonifacio però non può indulgere alla compassione, la posta in gioco è troppo alta: così rimanda indietro i suoi uomini. Il drappello si precipita di nuovo al Morrone, ma Celestino non c'è più.

Infatti, forse desideroso di essere lasciato in pace o forse spinto da altri, Pietro nel frattempo ha raggiunto la Puglia, dove entra in contatto con gli Spirituali, appartenenti a una branca dell'Ordine francescano: sono probabilmente loro a consigliargli di rifugiarsi in Grecia.

Bonifacio trema per le sorti dell'unità della Chiesa e per la legittimità della sua elezione, già messa in discussione su molti fronti. Si paventa il pericolo di uno scisma: il popolo, aizzato anche dagli Spirituali, continua a riconoscere in Celestino il papa legittimo. È assolutamente necessario che Pietro Angeleri sia messo sotto controllo, e in questo caso la sorte aiuta Bonifacio.

La fuga dell'eremita alla volta della Grecia è impedita prima dal mare in burrasca, che non gli permette di imbarcarsi, e poi dai soldati di re Carlo d'Angiò, lo stesso che lo aveva accompagnato ad Aquila per l'incoronazione.

A Vieste il re angioino arresta il vecchio eremita latitante e lo riconsegna al papa, presso il quale abita per due mesi, ad Anagni, in regime di arresti domiciliari; poi dal luglio 1295 viene condotto nel vicino castello di Fumone, dove vive ancora per nove mesi sottoposto a un controllo non severo e dove ritrova forse quella vita eremitica che ha desiderato per tutta la sua esistenza. Bonifacio ordina che venga trattato con ogni riguardo e possa godere di tutte le comodità. Celestino non solo rifiuta gli agi, ma lo prega di dargli una piccola cella come quella che aveva sul Morrone.

Pietro Angeleri muore il 19 maggio 1296 all'età di ottantasette anni, probabilmente per un'ulcera che gli ha provocato un'infezione, ma i nemici di Bonifacio diffondono subito la voce che sia stato assassinato.

E a questo sospetto si attacca Filippo il Bello nel processo che intende istruire contro papa Bonifacio VIII.

A riprova della tesi dell'omicidio, alcuni storici citano una perizia effettuata nel 1988 sul cranio di Celestino V: è stato riscontrato un foro di cinque millimetri per quattro, provocato da un chiodo molato di forma quadrangolare, che è penetrato nella tempia per cinque centimetri.

Ma che senso può avere assassinare un uomo ormai così anziano e inoffensivo e per di più già neutralizzato con un regime di semiprigionia?

Per questo foro esiste invece un'altra possibile spiegazione, molto più convincente: si tratterebbe di un rituale funebre gnostico-templare che prevede proprio la perforazione del cranio...

Quel foro potrebbe quindi essere l'ultimo sigillo apposto dai Templari al momento della composizione delle spoglie di Celestino, prima che siano esposte alla venerazione dei fedeli nella basilica di Collemaggio.

L'ultimo, ma non l'unico: sulla tomba di Celestino V c'è un sigillo e una scritta: *Salomon Rex*, Re Salomone.

I Templari hanno voluto immortalare per sempre il legame che li ha stretti a questo papa, a quest'uomo al quale, forse, hanno affidato in custodia, oltre al grande sogno dell'imperatore Federico II, qualcosa di ancora più importante?

La Casa Santa di Loreto

C'è un dettaglio di questa affascinante storia che apparentemente sfugge alla comprensione logica: perché Pietro Angeleri e chi si incarica della costruzione dell'edificio vogliono che Santa Maria di Collemaggio sia così grande e maestosa?

Se Pietro, come sarebbe plausibile, vuole avere una chiesa per il suo Ordine in onore della Vergine ad Aquila, una città ancora in costruzione e già ricchissima di chiese, quale motivo può spingerlo a volere un edificio così straordinario, ricco e possente?

Cosa ha in mente Pietro che possa giustificare uno spazio così ampio da contenere tanti fedeli?

Di ritorno da Lione, non può certo sapere che il suo destino sarà salire al soglio pontificio né che, in quanto papa, istituirà la Perdonanza, richiamando intere folle alla basilica...

La prima risposta è che l'eremita abbia effettivamente sposato a Lione il progetto di Federico II di dare vita a una nuova capitale della Cristianità, ma forse non è l'unica. C'è un'altra risposta, che a questa si intreccia e che ci rimanda, ancora una volta, ai Templari...

E allora azzardiamo un'altra domanda, che poi così azzardata non è: la basilica di Collemaggio è forse destinata a custodire qualcosa di particolarmente importante per la Cristianità, una reliquia dal valore davvero eccezionale?

Secondo alcuni studiosi la basilica di Santa Maria di Collemaggio a L'Aquila sarebbe nata proprio per custodire al suo interno una preziosissima reliquia d'origine templare. Una reliquia che viene dalla Terra Santa.

Allora torniamo anche noi, per un attimo, in Terra Santa, e precisamente nel maggio 1291, quando anche San Giovanni d'Acri, ultimo baluardo cristiano, malgrado l'eroica resistenza dei Templari, cade in mano ai musulmani. È un momento drammatico; i luoghi in cui è nata la religione sulla quale si è fondata la società medievale occidentale sono persi, e uno dei simboli massimi della Cristianità è in pericolo: la casa di Nazareth, dove Maria ha avuto l'Annunciazione e Gesù ha vissuto i primi anni della sua vita.

La leggenda vuole che, nel momento del pericolo, degli "angeli dalle bianche ali" abbiano sollevato la casa di Nazareth per portarla lontano.

E se questa leggenda, come tutte le leggende, fosse soltanto un modo per raccontare qualcosa che è realmente accaduto?

E se la Casa Santa di Loreto, uno dei luoghi di pellegrinaggio tra i più importanti nel mondo cattolico, visitato da circa duecento santi e beati e da numerosi papi, fosse realmente la casa di Nazareth?

Padre Giuseppe Santarelli, un frate cappuccino che ha dedicato la vita a indagare sulla vera origine del santuario di Loreto, è convinto che sia esattamente così: la Casa di Maria sarebbe stata trasportata non in cielo dagli angeli, come racconta la leggenda, ma via mare dai Templari.

La testimonianza di un pellegrino, Riccardo da Montecroce, conferma che fino al 1289 la Casa di Maria si trova a Nazareth, mentre nel 1348 Nicolò da Poggibonsi, il frate francescano che nel XIV secolo visita molti luoghi della Terra Santa, riferisce che la Casa non esiste più: resta solo la famosa grotta che tuttora è venerata a Nazareth.

E infatti il santuario di Loreto, nel suo nucleo originario, è costituito da sole tre pareti: è possibile che siano solo tre perché la parete dove sorge l'altare, a Nazareth, dava proprio sull'entrata della grotta?

Gabriele Petromilli, nel libro *I Templari e la Casa Santa di Loreto*, raccoglie molte prove a sostegno della tesi che la Casa di Nazareth e quella di Loreto siano la stessa struttura e ricostruisce il percorso attraverso il quale sarebbe avvenuto il trasferimento.

A questo punto bisogna intrecciare alcune testimonianze dell'epoca.

La prima proviene da Jean de Joinville, cronista ufficiale, segretario e biografo di Luigi IX, il re santo, che, al seguito del sovrano, partecipa direttamente alla settima e all'ottava Crociata, fra il 1248 e il 1252 e poi nel 1270. In un passo dei suoi resoconti, Jean de Joinville racconta la visita fatta a Nazareth per devozione nel 1252 dal sovrano francese. Secondo quanto riporta nella *Histoire des Croisades*, Luigi trova il sacro edificio molto ben protetto da un cavaliere e da due sergenti del Tempio, di guardia giorno e notte.

Questa prima testimonianza dimostra quindi il culto e l'attenzione riservati dai Templari alla Casa Santa.

La seconda testimonianza proviene da un altro cronista dell'epoca delle Crociate, l'arcivescovo Guglielmo da Tiro, il quale sostiene che nei primi giorni del maggio 1291 una nave mercantile sia partita dal porto di San Giovanni d'Acri – poco prima della caduta della città – alla volta di Atene carica delle reliquie della Terra Santa.

Un altro cronista, noto con il nome di "Templare di Tiro", conferma l'evento ma cambia la destinazione della nave che non si sarebbe diretta ad Atene, bensì a Cipro, proprio dove i cavalieri si trasferiranno dopo la perdita della Terra Santa. Il Templare di Tiro specifica che il carico della nave è composto delle "pietre sante", nel numero di ottanta, e da dieci otri di acqua del fiume Giordano.

Anche l'iconografia conferma la vicenda del trasferimento della Casa Santa: fino al XVIII secolo in Europa sono infatti in circolazione immagini sacre in cui figura una nave con le vele spiegate: vele con la croce rossa patente, l'insegna ufficiale dell'Ordine del Tempio.

Vincenzo Mastareo, in *Vita di san Pietro Celestino papa V*, riferisce che la Casa di Loreto arriva in Italia il 10 dicembre 1294, tre giorni prima della rinuncia al papato da parte di Celestino.

Ed è qui che leggenda e storia si incontrano: portata in volo dagli angeli secondo la leggenda, in realtà la Casa potrebbe essere stata trasportata dalla famiglia Angeli dopo essere stata smontata a Giaffa, città marittima, da maestranze templari.

La famiglia Angeli?

È ancora Gabriele Petromilli a darci una spiegazione convincente anche per questo tassello dell'intricata vicenda: all'epoca dei fatti Atene, destinazione originaria della nave secondo una delle testimonianze, è un ducato governato dal ramo principale della famiglia francese de la Roche, legata da una lunga tradizione all'Ordine templare. Fra il 1287 e il 1308 duca di Atene è Guy de la Roche, figlio di Elena Angeli, la quale regge il ducato in nome del figlio, ancora minorenne, dal 1287 al 1296, dunque nell'epoca in cui si svolge la nostra storia. Elena Angeli, della famiglia Angeli!

Un'ulteriore prova confermerebbe la bontà di questa teoria, riportandoci straordinariamente a Loreto: si tratta di due tornesi d'oro, un tipo di moneta emessa per la prima volta all'inizio dell'XI secolo dall'abbazia di San Martino a Tours, in Francia, ritrovati tra i ruderi delle fondamenta più antiche della Casa Santa di Loreto e fatti coniare dai duchi di Atene, proprio da Elena Angeli. Fra le centinaia di monete rinvenute sotto la Casa, queste due sono le uniche certamente riconducibili all'epoca della presunta traslazione.

Nei secoli scorsi c'era l'usanza di collocare monete nelle fondamenta degli edifici a ricordo dell'anno della costruzione e, talora, in memoria dei costruttori, diretti o indiretti, che in questo caso sarebbero la famiglia bizantina Angeli, discendente dagli imperatori di Costantinopoli, e in particolare Elena Angeli.

A questo punto tutto sembra quadrare, ed ecco che gli "angeli" della leggenda troverebbero un corrispondente storico.

La spiegazione però potrebbe anche essere un'altra: Angeli è infatti il nome con cui vengono chiamati i Templari a Recanati, a causa del loro stanziamento nell'antico sestiere cittadino di Sant'Arcangelo.

In ogni caso, che si tratti della famiglia Angeli o dell'epiteto "angeli", tutti i fili sembrano ricondurre la Casa Santa di Nazareth e quella di Loreto alla medesima origine e sembrano chiamare in causa i Templari.

Ma non è solo la storia a confermare questo collegamento: lo fa anche l'archeologia.

Le tre pareti della Santa Casa di Loreto si incastrano perfettamente con la grotta che resta a Nazareth.

Inoltre, le sezioni inferiori delle tre pareti originarie, per quasi tre metri di altezza, sono costituite prevalentemente da filari di pietre, per lo più arenarie, comuni a Nazareth, mentre le sezioni superiori, aggiunte in seguito e quindi spurie, sono di mattoni locali. Alcune pietre, poi, risultano rifinite all'esterno con una tecnica che richiama quella dei Nabatei, diffusa in Palestina e in Galilea fino ai tempi di Gesù: vi sono stati individuati una sessantina di graffiti, molti dei quali riconducibili, secondo gli esperti, all'arte giudeo-cristiana di epoca remota, diffusa in Terra Santa, compresa Nazareth.

A riprova dell'autenticità delle zone inferiori delle pareti c'è il fatto che quelle superiori, di minore importanza storico-devozionale, nel XIV secolo vengono coperte da dipinti a fresco, mentre le sottostanti sezioni in pietra sono lasciate a vista, esposte alla venerazione dei fedeli: e questo sembrerebbe dimostrare il loro superiore valore.

Ma c'è dell'altro: a Loreto si venera la statua di una Madonna Nera. Quella che è possibile vedere oggi, fatta scolpire da papa Pio XI, è una copia dell'originale distrutta da un incendio nel 1921. Nel 1922 il papa incorona in Vaticano la nuova statua e la fa trasportare solennemente a Loreto.

Ancora molto clamore...

Gli studiosi hanno appurato che la prima effigie venerata nella Casa Santa di Loreto, quella distrutta dall'incendio, era un'icona dipinta in legno, probabilmente di origine orientale...

Numerose indicazioni storiche sembrano confermare che i Templari abbiano sempre tributato un culto speciale alle Madonne Nere, immagini mariane dipinte o scolpite con materiali di colore scuro. Spesso le Madonne Nere sono dislocate dall'Ordine in punti precisi; e del resto Maria è la *domina* che Bernardo di Chiaravalle, l'abate santo che ha istituito la Regola templare, dà ai cavalieri nel momento della loro ufficializzazione.

E, ancora a proposito della Madonna Nera venerata a Loreto, è affascinante ricordare che proprio dal santuario di una Madonna Nera, quello di Vézelay, Bernardo ha tenuto il suo leggendario discorso il 31 marzo 1146 per incitare la folla a prendere le armi, donando croci di stoffa a quanti si fossero arruolati per la guerra santa.

Ma, continuando a parlare di croci di stoffa, c'è ancora dell'altro. Nel XIX secolo sono stati ritrovati tra le pietre della Casa Santa di Loreto proprio dei brandelli di stoffa rossa: quattro croci di tela purpurea della lunghezza di circa cinque centimetri ognuna.

Risalgono al tempo dei crociati! Una firma?

La leggenda degli angeli vestiti di bianco che salvano in volo la Casa di Maria sembra, a questo punto, trovare una spiegazione convincente: potrebbe essere l'ultimo atto eroico dei cavalieri templari prima dello scioglimento ufficiale dell'Ordine da parte di Filippo il Bello.

Da un documento custodito a Loreto ricaviamo un altro dato eccezionale che sembra raccogliere tutti i fili sparsi del nostro racconto: la Casa Santa sarebbe un dono fatto proprio a Celestino V, e sembrerebbe che sia proprio lui a dare disposizioni per il trasferimento... a Santa Maria di Collemaggio!

Proviamo a questo punto a ricostruire tutta la storia: il 10 dicembre 1294 la Casa Santa di Nazareth arriva in Italia, trasportata dai Templari; Celestino non è a Roma, ha scelto di non andarci mai in quanto papa, così il potere nella città è esercitato dal suo vicario, Salvo, che è anche vescovo di Recanati; presumibilmente Salvo fa in modo che le "pietre sante" approdino a Porto Recanati, uno dei principali scali vaticani, e presumibilmente decide che la Casa rimanga nella sua diocesi, a Loreto, a pochi chilometri dal porto...

E la Casa Santa di Loreto viene collocata proprio su una pubblica strada, quella che dal porto conduce a Recanati!

Dopo tre giorni dallo sbarco della Casa, Celestino V rinuncia al pontificato.

In questa chiave, "il gran rifiuto" sembra molto più comprensibile...

L'eremita Pietro Angeleri accetta di diventare papa suo malgrado perché ha una missione importante da supervisionare e da portare a termine? E poi si spoglia dell'abito papale non appena ha realizzato la straordinaria missione affidatagli dai Templari?

Una missione a tal punto importante da essere tenuta segreta?

E se questa missione deve essere tenuta segreta è bene che, una volta compiuta, Pietro esca definitivamente dalla partita.

Ma forse i Templari affidano a Celestino l'incarico di custodire ancora altro, una o più reliquie molto importanti, oltre alla Casa Santa collocata a Loreto, vicino al mare, probabilmente anche per la difficoltà di proseguire nel trasporto terrestre, visto il gran numero di pietre che la compongono.

Reliquie enormemente rilevanti, destinate a essere conservate a Collemaggio, fra le quali forse ce n'è una che potrebbe giustificare l'istituzione della Perdonanza proprio nella basilica aquilana: senza un potente simbolo della Cristianità, infatti, non si sarebbe potuto sostenere un evento dal valore spirituale così elevato.

Sono molti gli indizi che ci inducono a credere che la Sindone, il sudario di Gesù, prova della sua morte e della sua resurrezione, sia stato per alcuni decenni proprio nelle mani dei Templari, quindi parte del loro tesoro.

Il rogo

Il re falsario

Abbiamo seguito i Templari nel loro percorso e nella loro straordinaria e rapida ascesa; abbiamo rintracciato importanti indizi che a loro ci hanno ricondotto nella vicenda umana di Celestino V, il papa eremita; ora dobbiamo raccontare gli ultimi anni della loro esistenza ufficiale e la loro caduta.

Siamo ancora nel 1294, ma lasciamo l'Italia e torniamo in Francia

Filippo IV il Bello, l'ambizioso sovrano francese che abbiamo già visto contrapporsi al potere dei cavalieri e addirittura al potere papale, invade la Guienna, una regione nella parte sudoccidentale del suo regno che è sotto il dominio del re d'Inghilterra. Il conflitto franco-inglese si protrae però ben al di là delle previsioni di Filippo e, nel giro di pochi anni, la Francia, esausta, si ritrova sull'orlo della bancarotta. Per due volte il re svaluta la moneta del suo regno, ma la situazione sembra irrecuperabile e gli avvocati vicini alla Corona consigliano al sovrano di tassare il clero: fiera è la reazione di Bonifacio VIII, che chiama Filippo il "re falsario".

Da questo momento il conflitto fra i due assume i toni dello scontro aperto che già conosciamo. Il re, stanco delle ingerenze del papato, mira alla fondazione di una Chiesa francese che non ostacoli più i suoi progetti; così si succedono l'alleanza fra Filippo e i dissidenti cardinali della famiglia Colonna, l'accusa rivolta al papa di essere un usurpatore, la bolla *Super Petri Solio,* redatta per scomunicare il re ma non promulgata, l'assedio di Anagni e l'ipotesi di un processo intentato contro il pontefice che si conclude con la morte di Bonifacio VIII l'11 ottobre 1303.

Si conclude, ma solo per qualche anno... Filippo lo tiene nel cassetto, pronto a tirarlo fuori al momento opportuno.

E il momento opportuno sta per arrivare.

Il re di Francia ha in mente da anni una soluzione per gli enormi problemi finanziari del regno: accedere allo sconfinato patrimonio degli Ordini militari dei Templari e degli Ospedalieri. Non ci è mai riuscito perché, in virtù di specifici privilegi, quel patrimonio non è tassabile; finora non ha potuto neanche aggirare l'ostacolo, come avrebbe voluto, facendo passare gli averi dei Templari e degli Ospedalieri sotto il suo controllo dopo l'unificazione dei due Ordini in uno solo; non ci è riuscito per la ferma opposizione dei Templari e per il mancato appoggio del papa.

Adesso però la situazione è davvero disperata e Filippo il Bello non può più aspettare: infiltra segretamente nei Templari dodici spie che lavoreranno con pazienza per raccogliere tutto quanto potrà servire per la definitiva manovra contro l'Ordine e si prepara a giocare il suo asso nella manica.

Un debito inestinguibile

Filippo il Bello ha ben chiaro dove vuole arrivare e come può arrivarci; a questo punto gli serve solo un *casus belli*, e nel 1306 gli viene offerta l'occasione di ottenerlo.

Nel giugno di quell'anno, in seguito all'ennesima manovra inflattiva, a Parigi scoppia una rivolta; il popolo è affamato e la sua rabbia è incontenibile: per sfuggire all'assalto della folla il re di Francia è costretto a rifugiarsi insieme alla corte nella Torre del Tempio.

Nel Tempio di Parigi, nel cuore del potere templare, Filippo esercita pesanti pressioni sul tesoriere generale, il frate sergente Jean de la Tour, affinché gli conceda un prestito per arginare almeno le prime necessità, un prestito molto consistente, 300.000 fiorini d'oro. Per capire l'entità della somma basta pensare che corrispondeva al bilancio annuo della Repubblica marinara di Pisa.

Il prestito sbilancerebbe inevitabilmente la solvibilità della casa capitana di Parigi e ripulirebbe le casse del Tempio di Parigi. Secondo la normativa, per poter concedere tale prestito il tesoriere dovrebbe prima ottenere l'autorizzazione del Gran Maestro, che è l'unico ad avere licenza di affidare ad altri il denaro dell'Ordine, ma Jacques de Molay è a Cipro e qualunque tentativo di mettersi in contatto con lui richiederebbe settimane di viaggio.

Non c'è tempo, bisogna decidere in fretta: il popolo è in tumulto; così Jean de la Tour viola la normativa e concede il prestito al re.

All'inizio del 1307 Jacques de Molay lascia Cipro e si mette in viaggio: è stato richiamato insieme al

Gran Maestro dell'Ospedale da Clemente V, ma sarà solo lui a partire perché il capo degli Ospedalieri, bloccato da altri impegni, rimanda il viaggio.

Jacques de Molay non farà mai più ritorno in Oriente.

Al suo arrivo in Francia il Gran Maestro ha una brutta sorpresa: scopre l'enorme prestito concesso al sovrano dal frate sergente Jean de la Tour senza consultarlo. Si tratta di una colpa gravissima, che prevede una punizione immediata e irrevocabile: il tesoriere viene espulso dall'Ordine.

L'errore commesso da Jean de la Tour è imperdonabile: non solo ha concesso un prestito di propria iniziativa ma, cosa ancor più grave, non ha ottenuto alcuna garanzia da Filippo il Bello. Il sovrano, per esempio, avrebbe potuto impegnare i beni della Corona, ma non lo ha fatto, e non solo perché non può o non gli conviene; non lo ha fatto perché cerca il conflitto e ostenta un'arroganza che non mostra il minimo rispetto per le regole templari.

Non ancora soddisfatto, il re di Francia, che ha ben chiaro il suo vero obiettivo, incalza. Esercita pressioni per far reintegrare il tesoriere, ma commette un illecito: il regolamento interno del Tempio prevede infatti, nei casi di furto, l'espulsione irrevocabile. Esiste un'eccezione, limitata alle colpe di minor entità, che prevede l'alleggerimento della sanzione disciplinare grazie all'intercessione di personaggi illustri, ma nel caso di Jean de la Tour siamo di fronte a una colpa gravissima, perciò il tesoriere non può assolutamente godere di tale eccezione, a meno che…

A meno che a intercedere per lui non sia il papa in persona.

E a Clemente V il sovrano si rivolge, sapendo di poter ottenere quello che chiede.

Clemente V, al secolo Bertrand de Got, è stato eletto al soglio pontificio il 5 giugno 1305. Discende da una nobile famiglia originaria della Francia sudoccidentale, ha studiato giurisprudenza all'Università di Bologna ed è specializzato in diritto internazionale; nel 1297 è stato nominato arcivescovo di Bordeaux da Bonifacio VIII. La sua elezione, avvenuta in un periodo di fortissime tensioni fra la curia e la Corona francese, ha rappresentato un compromesso accettabile da entrambe le parti. La stessa scelta del nome apostolico, Clemente, è molto significativa: lo collega immediatamente a chi, prima di lui, aveva deciso di darsi il medesimo nome, e quindi a Clemente IV, francese d'origine e ottimo collaboratore della Corona nella persona di Luigi IX, il re santo delle Crociate; ma lo unisce anche alla più antica tradizione apostolica in quanto erede di san Clemente, pontefice romano e terzo successore di san Pietro. Nonostante tali accortezze, il papa cammina su un campo minato e deve prendere ogni precauzione possibile: tradizionalmente il lasso di tempo che intercorre fra l'elezione in conclave e la successiva cerimonia di consacrazione è piuttosto breve; nel caso di Clemente V passano più di cinque mesi. Perché?

Perché c'è una spinosissima questione da risolvere: quella della sede apostolica.

La Corona di Francia gradirebbe molto, come segnale di apertura, lo spostamento della sede apostolica in territorio francese. Il "gradirebbe", naturalmente, è un eufemismo: Filippo il Bello pretende che la consacrazione del nuovo papa avvenga in Francia, come segnale concreto di un pontificato fortemente connotato in senso filofrancese.

Sebbene intenzionato a tornare in Italia, Clemente cede e si fa consacrare a Lione.

È il 13 novembre 1305; il corteo si muove dalla chiesa di Saint-Juste, che sorge su un'altura, per dirigersi verso la cattedrale, ma si verifica un evento che la superstizione popolare interpreta subito come un nefasto presagio: un muro rovina sulla folla, dodici persone restano uccise, lo stesso papa viene disarcionato e la tiara rotola nella polvere.

Restando in tema di eventi a cui è possibile dare un'interpretazione simbolica, occorre ricordare che è il conte Carlo di Valois, il fratello del re di Francia, e non un cardinale, a raccogliere la tiara da terra e a riconsegnarla al Santo Padre: sin dall'inizio, il pontificato di Clemente V, sia concretamente che simbolicamente, sembra essere più influenzato dalla Corona francese che dalla Chiesa romana...

E così sarà anche negli anni a venire.

Dopo l'incoronazione il papa riconduce la curia nella sua città, Bordeaux, e lì risiede stabilmente per quasi un anno, fino alla primavera seguente, quando parte alla volta di Poitiers.

In questo clima così teso, con la Chiesa sovrastata dal potere secolare di un regno nel quale, di fatto, è sequestrata, quando Filippo il Bello chiede a Clemente V di intercedere presso Jacques de Molay per il reintegro di Jean de la Tour, Clemente non può far altro che accettare. E Clemente accetta. La sua speranza più profonda è quella di tamponare l'incidente e stemperare il contrasto fra il Gran Maestro e il re facendo reintegrare il tesoriere... Una speranza, come vedremo, molto distante dalla realtà effettiva e, soprattutto, dalle intenzioni di Filippo il Bello.

De la Tour viene riammesso nell'Ordine: è lui stesso a recare la richiesta di grazia del papa. Jacques de Molay, in un moto di rabbia, brucia la lettera del pontefice, ma è poi costretto a obbedire dallo statuto del Tempio e il tesoriere può riprendere il suo posto.

Il gesto di rabbia del Gran Maestro è del tutto comprensibile: secondo la normativa templare, infatti, ogni riduzione della pena deve apparire come un atto di misericordia nei confronti di un confratello umiliato; l'umiliazione del penitente è un concetto ribadito in continuazione, e il frate colpito dalle misure disciplinari deve subire la vergogna anche esteriormente; che sia proprio Jean de la Tour a presentare al Gran Maestro la lettera che lo farà reintegrare nel Tempio è un atto di ostentata arroganza...

Un'accortezza trascurata o la deliberata intenzione di non mettere fine alle ostilità?

Con la richiesta del prestito in occasione dell'assedio di Parigi, con l'espulsione di Jean de la Tour e la rabbia del Gran Maestro, Filippo il Bello ha avuto definitivamente modo di comprendere che Jacques de Molay si opporrà sempre con fierezza al controllo della Corona sul Tempio e che, finché ci sarà lui alla guida dell'Ordine, i beni templari non potranno mai costituire una riserva d'emergenza per le necessità della sua politica espansionistica. Ma non è solo questo a preoccupare il re di Francia: la vastità dei possedimenti templari, il fatto che dopo la perdita della Terra Santa il quartier generale politico ed economico dell'Ordine sia stato trasferito nel cuore di

Parigi, e la mobilitazione militare che il Tempio sarebbe virtualmente in grado di organizzare, ne fanno, di colpo, una fastidiosa spina nel fianco.

Una spina che bisogna eliminare.

Infine, c'è un altro pericolo in agguato: come abbiamo già detto, all'inizio del 1307 Clemente V ha richiamato in Europa il Gran Maestro del Tempio e il Gran Maestro dell'Ospedale; li ha richiamati perché è ormai evidente che la situazione dei due Ordini militari è un problema non più rimandabile e perché vuole essere lui, insieme ai rispettivi Gran Maestri, a sanarla, attraverso un'inchiesta pacifica e discreta, per garantire la continuità del Tempio e dell'Ospedale. L'intento del pontefice è procedere a una riforma che attribuisca ai Templari e agli Ospedalieri un ruolo nuovo nell'economia politica del XIV secolo, un ruolo che vedrà il rinsaldarsi della loro potenza.

Filippo non può certo permettere che questo accada: deve strappare la "vicenda Templari" dalle mani del papa e occuparsene personalmente. E per farlo si serve dei migliori talenti del suo regno: Guillaume de Nogaret e Bernard Gui.

Guillaume de Nogaret lo abbiamo già incontrato in occasione dell'attacco contro Bonifacio VIII; proveniente da una famiglia di estrazione borghese originaria del Sud della Francia, nelle vicinanze di Tolosa, per il servizio reso nella lotta contro Benedetto Caetani, nel 1299 Nogaret ha ottenuto l'accesso al rango nobiliare. Nel settembre 1307 ha ricevuto il prestigiosissimo incarico di guardasigilli del re. Cinico e votato alla causa del regno di Francia, è un nemico giurato del Tempio non solo per arrivismo e per il ruolo che ricopre, ma anche per motivi di risentimento personale: i Templari hanno infatti denunciato come eretico cataro suo nonno che, per questo, è stato bruciato sul rogo. Così lui, disprezzato da Bonifacio VIII in quanto nipote di un eretico, ha provato un grande piacere nel costruire il processo contro il papa e proverà una soddisfazione squisitamente personale nel distruggere l'Ordine templare accusandolo proprio d'eresia e avvalendosi dell'aiuto di quella stessa Inquisizione che, anni prima, ha condannato a morte suo nonno.

E ora conosciamo il secondo personaggio chiave di cui si serve Filippo il Bello: Bernard Gui.

Nato intorno al 1261 nel villaggio francese di Royères, presso Rochel'Abeille, è divorato dall'ambizione e dal fanatismo religioso. Entra nell'Ordine di san Domenico a diciotto anni e fa una carriera molto rapida: nel 1305 diventa priore di Limoges e il 16 gennaio 1307 viene nominato inquisitore di Tolosa.

Guillaume de Nogaret e Bernard Gui colpiranno il Tempio nei suoi punti vitali: l'organizzazione secolare e l'immagine spirituale.

L'arresto

Il 22 settembre 1307 l'inquisitore di Francia, Guillaume de Paris, scrive ai suoi confratelli e subordinati delle sedi di Tolosa e Carcassonne che il re ha tenuto con lui e con il papa, una prima volta a Lione e poi a Poitiers, un concilio; li avvisa segretamente dell'imminente cattura dei Templari e ordina loro di organizzare l'allestimento del processo ecclesiastico. Scrive che le deposizioni dei prigionieri dovranno essere messe per iscritto e inviate in buste sigillate a lui e al re; raccomanda infine di conferire alla cosa la massima pubblicità, servendosi dei Francescani, dei Domenicani, degli Ordini mendicanti e di tutti coloro che siano in grado di diffondere la notizia fra il popolo.

Il 14 settembre Filippo il Bello emette l'ordine d'arresto in forma segreta diretto a tutti i balivi del regno, nel quale spiega in dettaglio la procedura da seguire per imprigionare i Templari: gli agenti del re dovranno svolgere occulte indagini preliminari per informarsi con esattezza delle magioni esistenti sul territorio francese; il giorno prestabilito ciascun ufficiale regio dovrà scegliere alcuni uomini potenti e stimati della propria zona in numero consono alle commende e al numero di frati da catturare, e recarsi a eseguire l'arresto in armi per impedire ai Templari di opporre resistenza; dopo la cattura si faranno immediatamente gli inventari di tutti i beni mobili e immobili del Tempio che saranno sequestrati; i Templari saranno posti sotto opportuna sorveglianza e subito sottoposti a interrogatori.

Il sovrano afferma, mentendo, di agire dopo aver consultato il papa e dietro espressa richiesta dell'Inquisizione di Francia, e giustifica tali disposizioni dichiarando che sui Templari si è addensato un terribile sospetto: quello di eresia.

Poi, arriva il giorno prestabilito.

All'alba del 13 ottobre 1307 i soldati del re di Francia si presentano in armi presso tutte le commende templari del regno per arrestare i frati residenti, i quali, credendo si tratti di un ordine del papa, coerentemente con la normativa che impone loro la più completa sottomissione all'autorità del pontefice, non oppongono resistenza. I soldati isolano con facilità i frati e procedono seduta stante agli interrogatori, ottenendo, per mezzo della tortura, alcune confessioni che vengono redatte in forma ufficiale per essere inviate al papa come prove.

La notizia del fermo dei Templari in Francia giunge del tutto inaspettata a Clemente V. Il pontefice si trova in campagna, nell'entroterra di Poitiers: rientra immediatamente in città e indice un concistoro segreto per discutere l'accaduto e prendere provvedimenti.

Il momento è disperato: qualunque decisione Clemente prenderà, comprometterà l'unità della Chiesa. Il papa comprende subito che è assolutamente inutile scomunicare Filippo per il suo atto prepotente e criminale: i recenti trascorsi con Bonifacio VIII hanno già dimostrato che il sovrano francese è del tutto refrattario alle sanzioni della Chiesa.

Tutto gioca a sfavore del Tempio e del papa: persino la ricerca di appoggi politici esterni alla Francia è assai rischiosa, data l'ubicazione della curia in un territorio soggetto a Filippo il Bello.

L'unica cosa che resta da fare a Clemente è prendere tempo: avvia così un sapiente lavoro diplomatico che si rivela però inutile. Il re ha pensato a tutto e non è facile coglierlo impreparato: dopo appena dodici giorni dall'arresto è ormai di pubblico dominio in tutto il regno che il Gran Maestro e i dignitari del Tempio hanno confessato, fra molte colpe infami, di aver rinnegato Gesù Cristo e di aver oltraggiato la croce.

La meravigliosa parabola dell'Ordine che ha lottato per la Terra Santa e il Sepolcro sta per concludersi sotto la vergognosa ombra dell'eresia.

Jacques de Molay è l'uomo che si trova a essere Gran Maestro del Tempio nel momento più tragico della storia dell'Ordine. Nato da una famiglia di rango cavalleresco, è diventato templare a vent'anni, nel 1265. Nel 1291, in occasione dell'assedio di San Giovanni d'Acri, ha combattuto a fianco del Gran Maestro di allora, Guillaume de Beaujeu, e lo ha visto morire, trafitto al petto da una freccia nemica.

Subito dopo l'arresto del 13 ottobre, Jacques de Molay viene interrogato dall'inquisitore di Francia, ma la sua deposizione è messa a verbale solo alcuni giorni dopo: non è azzardato supporre che quei giorni servano agli aguzzini per torturare il Gran Maestro e rendere la sua confessione più consona alle loro esigenze.

Il 14 ottobre Guillaume de Nogaret organizza delle assemblee popolari nelle quali, attraverso le prediche di frati francescani e domenicani, presenta al popolo la colpevolezza dei Templari come un dato di fatto.

Il 15 ottobre il pontefice si affretta a tornare a Poitiers e indice un concistoro per il giorno seguente. Dal 16 al 18 ottobre resta rinchiuso con i cardinali in condizioni di massima segretezza. Poi convoca il suo cubicolario templare, frate Oliviero de Penna, ancora residente presso la curia ma in regime di arresti domiciliari, e raccomanda a lui e ai suoi confratelli di non fuggire, perché la fuga confermerebbe tacitamente la colpevolezza dell'Ordine.

Il 25 ottobre Jacques de Molay viene separato da tutti gli altri frati e sottoposto a un altro interrogatorio dall'inquisitore di Francia. Viene quindi condotto davanti a una folta assemblea di notabili laici ed ecclesiastici e a una rosa di teologi della Sorbona, autorità indiscussa in campo dottrinale, che Filippo il Bello ha coinvolto nell'affare del processo al Tempio come una specie di contraltare rispetto al magistero della Chiesa di Roma; davanti ai teologi della Sorbona, de Molay è costretto ad assistere alla pubblica lettura della propria confessione.

Il Gran Maestro confessa, a nome suo e dei quattro confratelli, Geoffroy de Charny, Gautier de Liencourt, Gerard de Gauche e Guy Dauphin, che una tradizione templare consolidata nel tempo impone ai nuovi frati, al momento dell'ingresso nell'Ordine, di rinnegare Cristo e sputare sulla croce; aggiunge che la segretezza con cui si svolgono le cerimonie dà a volte adito anche ad altri atti indegni e che lui stesso, quando è diventato templare, ha dovuto rinnegare Gesù per tre volte, sputando due volte in direzione della croce e una in terra; infine, chiede il perdono della Chiesa per sé e per i suoi quattro confratelli.

L'inquisitore provvede a inviare al papa la deposizione del Gran Maestro, quale prova dell'effettiva colpevolezza dei Templari, e a far confezionare una lettera nella quale Jacques de Molay ordinerebbe a tutti i frati del Tempio sotto il vincolo della sacra obbedienza di rivelare, a loro volta, quanto è accaduto durante le loro cerimonie d'ingresso: si tratta evidentemente di un falso, ma la lettera, sigillata con la bolla d'argento del Gran Maestro, viene usata per indurre alla confessione tutti i Templari del regno.

Nei mesi di ottobre e novembre, nel corso delle inchieste provinciali, saranno ottenute centinaia di confessioni, e nel giro di appena due mesi la diffamazione totale colpirà il più prestigioso e potente degli Ordini militari.

Le inchieste proseguono in tutta la Francia a ritmo serrato fino all'inizio dell'anno successivo: vengono raccolte cinquecento ammissioni di colpa da parte di altrettanti frati.

A questo punto il re vuole riscuotere i frutti del suo lavoro: pretende che il papa condanni i Templari in quanto rei confessi.

Clemente V passa da una prima fase di completa confusione, nelle settimane che seguono la cattura, al sospetto che il re sia del tutto in malafede...

Un sospetto che, in poco tempo, è destinato a tramutarsi in certezza.

All'inizio di novembre del 1307, Clemente V invia a Parigi due legati apostolici, Bérenger Frédol ed Étienne de Suisy, con l'incarico di portare la bolla *Ad Praeclaras*.

Bérenger Frédol, uno dei migliori canonisti del suo tempo e già collaboratore di Bonifacio VIII, in precedenza è stato impiegato in un'inchiesta per appurare certi abusi commessi dall'Inquisizione nella Francia meridionale e ha pertanto un'ottima competenza in merito alla questione che deve esaminare per incarico del pontefice.

Étienne de Suisy, cardinale di San Ciriaco in Therminis, è stato vicecancelliere di Filippo il Bello e perciò conosce molto bene l'ambiente della corte e gli uomini al seguito del re.

Nella bolla *Ad Praeclaras* il sovrano è invitato a rimettere i Templari nelle mani della Chiesa; i toni usati sono molto pacati, segno tangibile del fatto che al pontefice è del tutto chiaro che con la forza non potrà ottenere nulla. I due legati tornano alla curia e riferiscono al papa, che in quel momento si trova nel castello di Lormont, presso Bordeaux, come non sia stato permesso loro non solo di interrogare, ma nemmeno di vedere i prigionieri: il re si è limitato a informarli che il Gran Maestro e gli altri frati hanno già ammesso la propria colpevolezza, e a sostegno delle sue affermazioni ha portato la testimonianza dei maestri di teologia della Sorbona.

A questo punto, pur avendo la certezza che l'azione del sovrano costituisce un chiaro atto di ribellione contro l'autorità religiosa e politica della Chiesa, Clemente V continua a non reagire con forza. Ha infatti le mani legate: sa che scomunicare Filippo il Bello sarebbe inutile e, del resto, tecnicamente neanche può farlo, visto che il re non si è fatto trovare nella capitale all'arrivo dei due cardinali; ha lasciato che Bérenger Frédol ed Étienne de Suisy si scontrassero con i suoi avvocati, con gli inquisitori e il Consiglio della Corona, per potersi eventualmente giustificare addossando la responsabilità ai suoi subordinati.

L'unica cosa che il pontefice può fare è scongiurare il rischio che l'iniziativa di Filippo il Bello sia emulata da altri sovrani: il 22 novembre emette la bolla *Pastoralis Praeminentiae,* con la quale ordina a tutti i re cristiani di arrestare in suo nome i Templari dei rispettivi regni, di confiscarne i beni e di porli sotto la custodia della Chiesa. Così, sebbene in modo assai più blando rispetto alla Francia, iniziano le inchieste anche nell'intero bacino del Mediterraneo, dall'Inghilterra a Cipro.

Il papa tiene un concistoro nel quale stabilisce che i Templari saranno condannati se trovati effettivamente colpevoli d'eresia, a meno che non chiedano il perdono della Chiesa: in tal caso il pontefice provvederebbe a reintegrarli dei loro averi e a riformare, come del resto era già sua intenzione, la Regola dell'Ordine, decretando che il Tempio dovrà fondersi con gli altri Ordini militari per creare un istituto unico al servizio della riconquista della Terra Santa.

Clemente V ordina a questo punto ai cardinali di tornare a Parigi per interrogare personalmente i prigionieri, e proibisce che sia emessa qualunque sentenza prima che la posizione dei Templari venga chiarita in modo inequivocabile dalla Chiesa.

In dicembre Bérenger Frédol ed Étienne de Suisy tornano quindi a Parigi, ma con un'arma in più: questa volta i due cardinali hanno la facoltà di scomunicare Filippo il Bello se impedirà ancora l'incontro con i prigionieri.

L'interrogatorio ha inizio dopo quasi un mese. Frédol e Suisy attendono il momento più propizio per avere una maggiore libertà d'azione: cominciano quando il re parte per un viaggio nelle regioni meridionali del regno: il 24 dicembre 1307 Jacques de Molay può finalmente incontrare i due legati del papa e ha modo di denunciare tutte le gravi irregolarità e le violenze subite, compreso il fatto che la confessione gli è stata strappata con la tortura.

Il Gran Maestro chiede ai cardinali di radunare una grande folla: i legati lo accontentano e la cattedrale di Parigi, Notre-Dame, si riempie. Jacques de Molay viene condotto in chiesa con altri quaranta Templari e fatto inginocchiare presso un banco; poi si rivolge alla folla. Ripete quello che ha confessato dopo l'arresto, poi si slaccia il mantello, si apre la tunica e lascia che tutti vedano gli evidenti segni della tortura sul suo corpo.

L'evento di Notre-Dame è talmente eclatante che la sua eco non tarda ad arrivare al sovrano: Filippo capisce di essere stato colpito a tradimento.

Nel gennaio 1308 Bérenger Frédol ed Étienne de Suisy ritornano in curia. In febbraio Clemente V emette una bolla punitiva e sospende i poteri delegati di Guillaume de Paris e dell'intero Tribunale di Francia per gravi irregolarità e abuso di potere.

Il processo vive una fase di stallo.

La primavera trascorre in un'accesa guerra diplomatica fra il re, che nel frattempo ha incamerato i beni dei Templari e preme per ottenere la definitiva condanna dell'Ordine, e il pontefice, che continua a prendere tempo e si rifiuta di pronunciarsi su qualunque decisione prima di aver potuto esaminare di persona i prigionieri.

Filippo il Bello è molto arrabbiato, non tollera che, ancora una volta, la Chiesa interferisca con i suoi piani. Reagisce in modo feroce.

Il re le tenta tutte, il papa resiste

La pubblicistica regia mette in campo veri e propri atti d'intimidazione contro il papa, che diventano via via sempre più gravi: dapprima lo accusa di nepotismo, debolezza cui indubbiamente Clemente V cede senza riserve, ma nel contesto dell'epoca la colpa non suscita abbastanza scalpore; passa allora alla diffusione di dicerie sulla presunta relazione amorosa fra il papa e la contessa Brunissenda di Périgord, ma anche questo tentativo va a vuoto. Il re si decide quindi ad abbandonare il filone diffamatorio e comincia a minacciare i familiari del pontefice.

Clemente V, impassibile, continua a mantenere una bonaria immobilità. E attende: non può fare altro.

Il sovrano sceglie allora di affrontarlo direttamente: il 26 maggio 1308 si reca presso la curia, ma il papa gli accorda un colloquio che dura solo il tempo necessario per attraversare la sala maggiore e gli comunica la sua prossima partenza per Roma. Probabilmente il pontefice intende risolvere i problemi politici tornando nella sede italiana, ma il piccolo esercito che Filippo il Bello ha condotto con sé per intimidirlo lo induce ad abbandonare il progetto. Comunque, sebbene in trappola, tiene duro.

Davanti all'ostinazione di Clemente V, Filippo capisce che l'unico modo per riesumare il processo insabbiato è concedergli di vedere personalmente i Templari, proprio come lui chiede. Così invia presso la curia a Poitiers settantadue frati che già sono stati interrogati dall'inquisitore a Parigi nell'autunno dell'anno precedente; impedisce però al pontefice d'incontrare il Gran Maestro e i principali dignitari, e cioè il visitatore, il comandante d'Outremer, i precettori di Aquitania e Poitou e di Normandia, che fa rinchiudere nella prigione del castello regio di Chinon, sulle rive del Vienne, con il pretesto che le condizioni di salute non consentono loro di affrontare le fatiche del viaggio. Si tratta chiaramente di una scusa: il sospetto più forte è che il sovrano intenda creare dei precedenti utili per invalidare il procedimento pontificio. Non è abbastanza convinto che l'inchiesta della curia romana si risolva in una condanna, e forse vuole sottrarre al pontefice i membri più importanti dell'Ordine per sostenere, in caso di assoluzione, che il giudizio papale non è attendibile perché l'inchiesta non ha esaminato i gerarchi più rappresentativi.

Clemente V non fa alcuna rimostranza e procede nell'iter giudiziario come se tutto fosse normale: fra il 28 giugno e il 2 luglio 1308 può così finalmente dare inizio alla sua inchiesta; solo allora, dopo nove mesi di interrogatori e confessioni estorte sotto tortura che hanno fatto il giro d'Europa.

Il 5 luglio Clemente V ripristina i poteri inquisitoriali: lo fa soltanto perché il numero dei Templari è tale da impedirgli di procedere in giudizio con le sue sole forze; dichiara però che in futuro gli inquisitori agiranno esclusivamente in collaborazione con prelati nominati da lui stesso; dichiara inoltre che, da quel momento, le indagini dovranno essere svolte solo sui singoli Templari e non sull'Ordine in quanto tale, che il pontefice riserva al proprio giudizio così come le persone dei dignitari.

Il 28, 29 e 30 luglio 1308 gli imputati compaiono a Poitiers davanti a una speciale commissione ecclesiastica di fiduciari scelti per assistere il pontefice: vi ritroviamo Bérenger Frédol ed Étienne de Suisy, accanto a Pierre de La Chapelle-Taillefer e al napoletano Landolfo Brancacci; tutti porporati eletti da Clemente V, eccetto Landolfo Brancacci, che è diventato cardinale nel 1294.

Terminato il procedimento giudiziario della curia, il papa indice un grande concistoro pubblico nell'ambito del quale i Templari possono riascoltare il contenuto delle loro dichiarazioni: le ratificano davanti al pontefice, chiedono solennemente il perdono della Chiesa e lo ottengono in quanto penitenti e confessi.

La celebrazione viene ripetuta sempre in forma collettiva nella casa del cardinale Pierre de La Chapelle-Taillefer, dove più di cinquanta Templari chiedono perdono per i peccati commessi, in particolare per il rinnegamento della croce, e ricevono la piena assoluzione.

Clemente V, al termine della sua inchiesta, non arriva quindi a condannare l'Ordine, pur senza restituire ai Templari la libertà personale, e decreta che il Tempio possa riprendere a esibire i propri segni distintivi e possa inoltre partecipare alle liturgie e ricevere i sacramenti cui ha diritto in virtù del perdono apostolico.

Le intenzioni del papa e dei suoi fiduciari sono molto chiare: i Templari hanno ammesso di aver rinnegato a parole Cristo durante le cerimonie d'ingresso nell'Ordine, e questo comporta comunque la scomunica, anche se non vi è partecipazione del cuore e il rinnegamento si riduce a un semplice atto verbale; Clemente V impone loro di abiurare la colpa commessa, li reintegra nella comunione ecclesiastica e, così facendo, tenta forse di salvarli.

Al suo piano manca però un passaggio per essere completo: l'assoluzione del Gran Maestro e dei maggiori dignitari.

A questo punto il pontefice invia i cardinali presso il castello di Chinon: all'inizio di agosto Jacques de Molay rivede Bérenger Frédol ed Étienne de Suisy; insieme agli alti dignitari del Tempio, ammette la propria colpevolezza e chiede il perdono ufficiale alla Chiesa, perdono che gli viene concesso.

L'udienza di Chinon è considerata parte integrante dell'inchiesta pontificia.

Con l'assoluzione del Gran Maestro e dei dignitari templari la strategia del papa si completa.

Clemente V si illude forse di aver ripreso in mano la situazione e si prepara finalmente a riformare l'Ordine attraverso la stesura di una nuova Regola; ma Filippo il Bello non ha alcuna intenzione di cedere il campo al suo nemico.

La costruzione dell'accusa

Prima di proseguire con il resoconto del procedimento giudiziario, è bene fermarsi un attimo per analizzare i capi d'accusa imputati ai Templari, ma soprattutto per comprendere come il re di Francia e i suoi avvocati siano riusciti a istruire un processo di tali proporzioni e potenza basandolo su prove tutto sommato non schiaccianti.

Partiamo dai dati oggettivi.

Lo scritto in francese (cedola) con le istruzioni per eseguire l'interrogatorio elenca sette colpe, la maggior parte delle quali sarebbero state commesse dai Templari durante la cerimonia d'ingresso nell'Ordine. Nella cedola si dice che al momento di ricevere un nuovo frate i precettori gli impongano di rinnegare Cristo e di sputare sulla croce; di scambiarsi tre baci, uno sulla bocca, uno sul fondoschiena e uno sull'ombelico; e di non negarsi ai confratelli che vogliano unirsi carnalmente a lui. Inoltre, si denuncia il fatto che i grandi dignitari venerino un idolo avente la forma di una testa maschile, che in alcune testimonianze del processo svolto nel Sud della Francia è chiamato Baphomet. I grandi dignitari sono anche accusati di distribuire una cordicella affinché tutti i confratelli la portino sempre in onore di quell'idolo. Infine, i preti dell'Ordine vengono accusati di non consacrare l'eucarestia.

L'iter seguito da Filippo il Bello è la tecnica tradizionalmente usata dall'Inquisizione, quella della mezza verità, nella quale ogni accusa viene agganciata a un fatto vero: consiste nel procurarsi una base d'accusa inoppugnabile e sufficiente a giustificare l'intervento, in questo caso la normativa del Tempio; e questa base d'accusa è fornita per l'occorrenza dalle testimonianze di spie infiltrate dal re nell'Ordine qualche anno prima. La mossa successiva è affidata ai giuristi della Corona che, sempre in questo caso, sono guidati da Guillaume de Nogaret, e consiste nel lavorare sulle informazioni estrapolandole dal contesto originario per trarne delle deduzioni e costruire l'accusa.

Il teorema accusatorio di Filippo ottiene un effetto tanto dirompente proprio perché poggia su qualche fondamento di verità: certe imputazioni, come il rinnegamento di Cristo, lo sputo sulla croce e i baci indecenti, derivano da pochi fatti reali opportunamente stravolti e adattati per essere presentati come prove d'eresia.

Analizzando in dettaglio i risultati del primo anno di inchieste, svolte fra l'autunno del 1307 e il gennaio 1308, notiamo che le confessioni si concentrano su quattro punti del teorema accusatorio: il rinnegamento di Cristo, l'oltraggio alla croce, i baci illeciti e l'invito verbale all'omosessualità, anche se in realtà solo sei degli oltre mille Templari che confessano parlano di rapporti omosessuali con i confratelli.

Sugli altri tre punti – idolatria, uso di una corda santificata dall'idolo, mancata consacrazione del pane eucaristico – l'inchiesta pare aver ottenuto risultati molto scarsi; ma proprio questi tre elementi sono determinanti ai fini di una condanna per eresia, dato che gli altri crimini rientrano tutt'al più nella sfera della bestemmia e dei peccati sessuali.

Ed è precisamente dell'accusa di eresia che Filippo ha bisogno; senza di essa, il suo processo non potrebbe svolgersi.

Dobbiamo infatti ricordare che i Templari sono praticamente immuni dalla giurisdizione civile ed ecclesiastica, esclusa la sola persona del pontefice: in tale condizione privilegiata, però, si nasconde un punto debole, ed è a quello che il re di Francia intende afferrarsi.

Nel periodo più intenso della proliferazione dell'eresia catara, diffusa in Europa a partire dal XII secolo, papa Onorio III ha conferito al legato apostolico Corrado, vescovo di Palestrina, la facoltà straordinaria di procedere in giudizio per i reati ereticali anche contro gli ecclesiastici: la gravità del momento lo ha spinto a estendere ancora la concessione per poter indagare anche sui soggetti che godono di una speciale esenzione, fra i quali, appunto, i Templari, gli Ospedalieri e i Cistercensi.

Il privilegio costituisce un precedente importante e per gli accusatori francesi apre una breccia nell'invulnerabilità del Tempio sul piano del diritto: l'Ordine può essere messo sotto inchiesta, e non dal solo pontefice, unicamente nel caso di sospetta eresia.

Perciò gli avvocati di Filippo il Bello, per incriminare i Templari, devono per forza scovare qualche elemento che si colleghi a pratiche illecite sul piano religioso e, in questa visione, lo strano cerimoniale d'ingresso nell'Ordine si presta benissimo ai fini dell'accusa, in quanto prevede davvero il rinnegamento di Cristo e lo sputo sulla croce...

Poco importa se questo cerimoniale ha un significato tutt'altro che eretico ed è soltanto una messinscena molto realistica di quello che potrebbe avvenire in un non improbabile futuro al nuovo templare: i Saraceni usano infatti torturare i prigionieri cristiani per obbligarli a rinnegare il Cristianesimo e, come segno tangibile dell'abiura, esigono proprio lo sputo sulla croce. Fatta questa considerazione, appare dunque chiaro che lo scopo dello strano rituale d'ingresso nell'Ordine è quello di temprare il carattere del nuovo membro attraverso un'esperienza traumatizzante, mettendolo cioè subito davanti a quello che subirà se dovesse cadere in mano ai nemici, ma non solo: probabilmente serve anche a insegnargli quell'obbedienza totale che l'Ordine esige, la rinuncia alla libertà per affidarsi ciecamente al giudizio dei superiori.

Il rinnegamento di Cristo e lo sputo sulla croce sono quindi in realtà un rituale militare, forse poco ortodosso, ma comunque distante dall'eresia. I giuristi della Corona, però, come abbiamo detto, si limitano a prendere il fatto in sé per decontestualizzarlo e stravolgerne il senso.

E il fatto in sé esiste: i Templari sotto interrogatorio ammettono il rinnegamento di Cristo e lo sputo sulla croce, poi negano l'accusa derivante da tale gesto, cioè che non credono in Cristo, ma ormai il gioco degli accusatori è riuscito e la posizione degli imputati appare poco credibile.

Altro dato reale a cui gli avvocati di Filippo il Bello possono rifarsi: sulle proprie tuniche i Templari portano una cordicella di lino e hanno l'obbligo di portarla ogni giorno della loro vita. È un fatto innegabile, sotto gli occhi di tutti; inoltre, l'esistenza della cordicella è contemplata persino in quella parte degli statuti templari che regolano l'abbigliamento dei frati.

L'originaria funzione della cordicella è quella di serrare la camicia intorno ai fianchi, condizione che, insieme all'obbligo di dormire sempre con le brache, costituisce una barriera materiale e simbolica fra l'uomo e il suo corpo per scoraggiare il peccato carnale. Nel corso del tempo, però, questo significato si è perso e soltanto i dignitari, ormai, conoscono l'originaria finalità della cordicella. Nella maggioranza dei casi, invece, i Templari non ne conoscono il significato, né la normativa può aiutarli perché non fornisce alcuna motivazione. L'ignoranza generale, probabilmente una lacuna nella memoria storica del Tempio dovuta all'evolversi delle sue tradizioni, diventa così l'ennesima arma nelle mani di chi istruisce il processo.

E adesso vediamo come, anche in questo caso, l'accusa venga costruita sulla base di tali lacune e incongruenze: si parte da un fatto "neutro" e confermato dalla grande maggioranza dei frati, l'uso della cordicella, poi Nogaret e gli altri strateghi reali argomentano che l'oggetto abbia in realtà un significato perverso e vi costruiscono intorno un substrato infamante, l'esistenza di un culto pagano. Gli accusatori affermano che la cintura è stata messa a contatto con un oggetto diabolico, un oscuro e misterioso idolo che ha la forma di una testa d'uomo con una lunga barba.

L'idolo barbuto...

Stando all'accusa, i Templari riservano a quest'idolo speciali liturgie, accessibili solo al Gran Maestro e ai grandi dignitari, cerimonie solenni durante le quali l'idolo viene adorato, baciato e strofinato con le cordicelle che poi saranno distribuite a tutti i frati dell'Ordine.

E qui il cerchio si chiude: la cintura di lino è un oggetto piuttosto banale che in sé non offre molti appigli per diffamare i Templari; però ha un valore straordinario...

È qualcosa che riguarda l'intero Ordine e ha quindi un'utilità suprema.

L'idolo barbuto non è altrettanto utile perché, come si è detto, solo il Gran Maestro e le alte gerarchie sarebbero a conoscenza della sua esistenza e pertanto incriminerebbe unicamente loro. Affermando invece che le cordicelle di tutti i Templari sono state insudiciate dal contatto con l'idolo, di fatto Nogaret fa ricadere il sospetto di idolatria su ogni singolo frate del Tempio. Ed è esattamente questo che cerca per convincere il papa che l'intero corpo templare sia infetto dal malcostume e dall'eresia.

Forse Filippo il Bello non ha mai mirato, e comunque ormai non mira più, alla condanna dei soli capi, che tutt'al più sarebbero rimossi e poi rimpiazzati, ma ha in mente piuttosto un'incriminazione di massa, utile per chiedere al papa l'estinzione totale dell'Ordine: da troppi anni prepara la sua partita e non può accontentarsi di una vittoria parziale. Non dobbiamo valutare la sua manovra soffermandoci sulle singole persone, sulle vite in gioco, sulla giustizia: quella del re di Francia è una straordinaria azione politica che prescinde da simili preoccupazioni.

Su 1114 deposizioni rese dai Templari nel corso del processo, solo 130 contengono qualche cenno all'idolo barbuto; e di queste pochissime lo descrivono allo stesso modo, mentre la maggior parte, probabilmente in seguito alla tortura, si limita a confermare la descrizione suggerita dall'accusa.

La cosa più sorprendente è che, in questo caso, il castello accusatorio trae deduzioni da un dato privo di riscontri che si basa solo sul sentito dire: se le cordicelle di lino sono idolatriche in quanto rese sacre da un idolo, quest'idolo dov'è? Nonostante le insistenti ricerche, gli accusatori non saranno mai in grado di trovarlo...

E a noi resta una domanda: l'idolo barbuto esiste davvero?

L'idolo barbuto

Secondo alcuni studiosi, l'idolo barbuto sarebbe la testa, mummificata e composta in un prezioso reliquario, del fondatore dei Templari, Hugues de Payns, al quale è riservata una speciale venerazione.

Anche se Hugues de Payns non sarà mai canonizzato ufficialmente e per la Chiesa di Roma resterà un semplice converso che ha scelto di servire la causa cristiana, questa venerazione non è un fatto strano: nel Medioevo la gente è infatti abituata a considerare sante certe persone per il loro stile di vita; i santi diventano tali per acclamazione popolare. Come abbiamo visto, è già accaduto per Pietro Angeleri (il futuro Celestino V).

Ma esiste un'altra ipotesi, molto affascinante e molto credibile, di cui parleremo insieme alla dottoressa Barbara Frale, officiale dell'Archivio segreto vaticano e una delle maggiori storiche dei Templari.

Fra le varie accuse rivolte ai Templari da Filippo il Bello durante il processo, la principale è quella di eresia: all'Ordine viene imputata la venerazione di un misterioso "idolo barbuto". Che prove hanno raccolto gli accusatori per poter formulare un capo d'imputazione così grave?

B.F.: Sappiamo che, alcuni anni prima di istruire il processo, il re di Francia, Filippo IV il Bello, infiltra nell'Ordine del Tempio ben dodici spie con lo scopo di esaminare qualunque comportamento strano tenuto dai frati, ma anche abusi, disfunzioni, violazioni della Regola dell'Ordine. Ogni elemento utile per attaccare l'Ordine deve essere accuratamente raccolto e poi usato per lo scopo che gli avvocati del re si prefiggono: postulare l'ipotesi di eresia, l'unica colpa per cui i Templari possono essere messi sotto processo. Queste spie si accorgono che i frati portano indosso una cordicella di lino che deve essere stretta intorno alla vita, sempre, anche di notte: la cintura è obbligatoria, ma nessuno sa dire a cosa serva effettivamente. Si sa anche che queste cordicelle sono consacrate mettendole a contatto con un oggetto sommamente sacro conservato in Oriente, nel tesoro di Acri. Anche su questo oggetto sacro i Templari non hanno le idee molto chiare, perché solo pochissimi – i dignitari di grado più elevato – hanno il privilegio di vederlo; gli altri sono solo a conoscenza del fatto che ha la forma di una testa di uomo con la barba.

Il fatto che quasi tutti i Templari ignorino l'esistenza di questo simulacro religioso è messo nero su bianco da Filippo il Bello nel suo atto d'accusa contro l'Ordine, nel quale avverte addirittura gli inquisitori che si tratta di un capo d'accusa per così dire fiacco, dove c'è speranza di raccogliere solo pochissime confessioni, proprio perché quasi nessuno fra i Templari ne è a conoscenza, eccetto i dignitari maggiori.

B.F.: Gli strateghi del processo non chiamano questo simulacro con il nome autentico che gli danno i pochi Templari che ne sono a conoscenza, cioè *caput*, il termine latino per "testa", perché è poco infamante, non contiene alcun elemento oscuro, e insomma non serve a granché per l'accusa. Lo chiamano invece "idolo", una parola derivata dal greco *éidolon*, che in realtà non ha in sé alcun senso negativo perché significa semplicemente "immagine", "cosa che si guarda". Però la retorica degli strateghi reali usa l'idea negativa di "idolo" contenuta nella Bibbia, dove si narra che gli ebrei hanno tradito Dio e si sono costruiti un idolo con la forma di un vitello d'oro. Dio allora li ha puniti, e Filippo il Bello vuole così suggerire al papa, Clemente V, che anche i Templari devono essere puniti per aver commesso "idolatria".

L'intero processo contro i Templari viene costruito così, sulla base di manovre di diffamazione e pure illazioni, senza alcuna prova.

B.F.: Nemmeno del famigerato "idolo", detto anche "Bafometto", gli accusatori riescono a trovare una sola prova da esibire in tribunale: l'unico oggetto concreto che portano agli inquirenti è una testa d'argento ritrovata nella chiesa del Tempio di Parigi. Per l'accusa è un flop tremendo: davanti agli inquirenti l'oggetto viene aperto, e tutti vedono che si tratta di un reliquiario d'argento che contiene semplicemente i resti di una santa, morta bambina nel IV secolo. C'è persino un'antica legenda che spiega tutto.

Che descrizione danno di questo "idolo barbuto" i Templari interrogati durante il processo? E come descrivono la presunta adorazione rivolta all'oggetto?

B.F.: Durante gli interrogatori i Templari offrono di questo "idolo" tante descrizioni diverse. La maggioranza non ne sa niente, alcuni invece non l'hanno mai visto e ne hanno sentito parlare solo da altri, in modo confuso. Si sa soltanto che ha la forma della testa di un uomo con la barba. In questa categoria, durante il processo, si fa rientrare un po' di tutto.

Per capire come vadano le cose, occorre conoscere bene come lavorano gli inquisitori durante l'interrogatorio. Oggi chiunque si spaccia per esperto e si mette a scrivere, spesso a ruota libera, valutando le testimonianze dei Templari durante il processo, ma per uno studio serio dei fatti bisogna esaminare a fondo le oltre mille pagine di deposizioni scritte conservate, tutte in latino, oltre a studiare come funziona la procedura dell'Inquisizione a quel tempo. Se si ha voglia di investire tempo per svolgere queste indagini, ci si accorge subito che gli inquisitori lavorano su una specie di questionario, cioè su uno schema di domande fisse in base alle quali conducono l'interrogatorio. Una di queste domande è se l'imputato abbia mai visto nelle case del Tempio un oggetto con la forma di una testa maschile. Se l'imputato risponde di no viene torturato, poi gli si lascia il tempo di riprendersi e quindi la domanda viene ripetuta. Dopo qualche seduta di torture, gli imputati cominciano a descrivere qualunque cosa che possa avere la forma di una testa maschile: nelle chiese dell'epoca ci sono moltissime raffigurazioni del genere, dai reliquiari dei santi ai dipinti su tavole di legno, fino alle decorazioni che ornano i capitelli delle colonne e le volte. Agli inquisitori non interessano troppi dettagli, basta che l'imputato confermi la materia dell'accusa. Ecco dunque che ci troviamo dinanzi le descrizioni più disparate. Alcune però sono particolarmente razionali e indicano oggetti che i Templari hanno visto davvero. La più interessante riguarda un lungo telo di lino con l'immagine di un uomo che viene venerato baciandogli i piedi.

Fra i Templari interrogati, quanti, in proporzione, confermano effettivamente la venerazione dell'idolo barbuto?

B.F.: Pochissimi, come è costretto ad ammettere lo stesso re di Francia.

Quando ha cominciato a credere che l'idolo barbuto si possa identificare con la Sacra Sindone di Torino?

B.F.: L'ipotesi che il famigerato "idolo" dei Templari sia in realtà la Sindone che oggi si trova a Torino viene lanciata per la prima volta da uno storico laureatosi a Oxford, Ian Wilson, nel 1978. Wilson adduceva varie prove, fra cui un pannello di legno scoperto in una chiesa templare in Inghilterra dove è dipinto proprio il volto della Sindone come veniva raffigurato a Costantinopoli, quando l'oggetto era custodito ripiegato su se stesso otto volte e poi chiuso in una teca per mostrare solo il volto.

Poi, alcuni anni dopo, il medievista Francesco Tommasi, dell'Università di Perugia, notò che anche sui sigilli dei Templari di Germania era raffigurato il volto di Cristo come appare sulla Sindone, cioè senza il collo, perché l'uomo della Sindone era in stato di rigidità cadaverica e aveva quindi il collo piegato in avanti, con il mento che poggiava sullo sterno.

Ho esaminato le fonti autentiche del Trecento e ho visto che la famiglia de Charny, cui appartiene Geoffroy de Charny, l'ultimo precettore del Tempio in Normandia morto sul rogo con il Gran Maestro Jacques de Molay il 18 marzo 1314, è la stessa che nel 1353 possedeva la Sindone oggi a Torino. Questa famiglia era legata all'Ordine del Tempio già dall'anno 1200, aveva fatto diverse donazioni e diversi suoi figli erano diventati Templari. Inoltre la famiglia de Charny era imparentata con i de la Roche, eredi del duca Othon de la Roche che si impadronì della Sindone durante il sacco di Costantinopoli, quando il telo fu sottratto dal palazzo imperiale.

In molte chiese templari sono stati trovati ritratti di Cristo che assomigliano in maniera a volte estremamente precisa al volto impresso sulla Sacra Sindone... Può trattarsi solo di una coincidenza?

B.F.: Questi oggetti dei Templari che raffigurano il volto dell'uomo della Sindone non possono essere dovuti a una casualità, né a una coincidenza.

Se l'idolo barbuto è realmente la Sindone, è ipotizzabile che tutti i frati siano a conoscenza dell'origine sacra dell'oggetto o si tratta di un sapere riservato ai vertici del Tempio? È credibile, insomma, che i vertici dell'Ordine desiderino tenere nascosta la Sindone?

B.F.: Le fonti ci inducono a pensare che i vertici del Tempio vogliano tenere ben nascosta la presenza della Sindone nell'Ordine. È un oggetto che "scotta", in un certo senso, perché proviene da un saccheggio i cui autori sono stati scomunicati da papa Innocenzo III.

Se si fosse saputo che l'oggetto era in possesso dei Templari, l'Ordine poteva essere accusato e avrebbe dovuto dare tante spiegazioni al papa. Magari il pontefice avrebbe anche potuto imporre all'Ordine di restituire la Sindone: proprio Innocenzo III aveva ricevuto una supplica da un parente dell'imperatore di Costantinopoli spodestato, il quale gli chiedeva di fare in modo che la Sindone venisse restituita al legittimo proprietario, l'imperatore in esilio.

Quando e come i Templari potrebbero essere entrati in possesso della Sindone?

B.F.: Abbiamo prove della venerazione della Sindone fra i Templari a partire dal 1260. In quegli anni succede un fatto importante, che ha delle conseguenze: l'imperatore bizantino Michele VIII Paleologo riconquista il trono di Costantinopoli, usurpato dai baroni francesi venuti per la quarta Crociata nel 1204. Dimenticando lo scopo della Crociata, cioè riprendere Gerusalemme e il Santo Sepolcro, i baroni e i veneziani si sono infatti lasciati sedurre dalle ricchezze di Costantinopoli e l'hanno saccheggiata. Poi hanno occupato il territorio e, nelle zone della Grecia prima soggette all'Impero bizantino, sono sorti dei feudi francesi.

Il crociato Othon de la Roche si è ritagliato un ducato presso Atene. Nel 1260, quando i Greci recuperano il loro Impero, queste dinastie francesi perdono il potere e attraversano un momento difficile.

In quegli anni, fra il 1260 e il 1265, un cavaliere francese di quella famiglia, Amaury de la Roche, è un templare potentissimo e comanda su tutto il settore orientale dell'Ordine. Amaury probabilmente fa da tramite fra la sua famiglia e l'Ordine del Tempio, che riceve in custodia la Sindone dietro versamento di una bella cifra. L'intera operazione è tenuta segreta, onde evitare la scomunica che colpisce chi faccia commercio di reliquie: lo stesso accadrà alla fine del Quattrocento, quando Marguerite de Charny, ultima discendente della famiglia de Charny, cederà la Sindone al nobile Ludovico di Savoia per indigenza. I Savoia doneranno alla donna una tenuta perché possa concludere la sua vita dignitosamente, però non riveleranno mai il motivo di questa donazione e terranno segreta l'esistenza della Sindone fino al 1507.

In quell'anno l'intervento di papa Giulio II renderà ufficiale il culto della Sindone, e non ci sarà più il rischio che la famiglia Savoia venga accusata.

I Templari sono in possesso di moltissime reliquie. Dopo il processo e la conseguente chiusura dell'Ordine, che fine faranno questi preziosi oggetti?

B.F.: Alcune reliquie possedute dai Templari passano all'Ordine degli Ospitalieri (oggi, Sovrano Militare Ordine di Malta), insieme ai beni del Tempio. Fra queste c'è una spina presa dalla corona di Cristo, anch'essa una volta nel tesoro degli imperatori di Costantinopoli.

Se i Templari hanno realmente posseduto la Sindone, è possibile credere che essa supplisca per loro, in qualche modo, alla perdita di Gerusalemme e sia, pertanto, oggetto di una speciale venerazione?

B.F.: I Templari hanno un culto speciale per il Santo Sepolcro, la pietra dove è stato deposto il corpo di Gesù e che ha assistito alla Resurrezione. Quando i Saraceni nel 1187 si riprendono il Sepolcro, per i Templari è un colpo durissimo e non possono più svolgervi le loro liturgie. Riuscire ad avere la Sindone li risarcisce di questa terribile perdita: secondo la tradizione, infatti, anche la Sindone ha toccato il corpo di Gesù e visto la Resurrezione.

Cosa ci fa credere che la Sindone di Torino sia il sudario di Gesù Cristo?

B.F.: Esistono tantissimi elementi tipici di un oggetto del I secolo: pollini di specie vegetali della Palestina, alcune estinte già nell'antichità; terriccio contenente aragonite, un minerale abbastanza raro ma presente a Gerusalemme; la tipologia del tessuto, la cui trama speciale imita le antiche sete cinesi che nel I secolo passavano per la Palestina dirette ai ricchi cittadini di Roma; la torsione particolare del filo di lino, che è quella descritta nella Bibbia (Esodo 28, 6-8) per confezionare i paramenti sacri del sommo sacerdote d'Israele; un rammendo fatto con una tecnica speciale, detta "a falso orlo", difficilissima, che ha come unico esempio un tessuto rinvenuto a Masada, la fortezza dove si rifugiarono gli ebrei ribelli e che fu distrutta dai Romani nell'anno 73 d.C.; il sangue umano di gruppo AB, rarissimo (ce l'ha solo il 5 per cento della popolazione mondiale), però piuttosto diffuso fra le persone di etnia ebraica; e poi tracce di scrittura appartenenti a dei cartigli di papiro incollati sul cadavere avvolto nel telo, nei quali sia il testo che la forma delle lettere sembrano coincidere con quelli di un documento del I secolo che attestava la sepoltura di un condannato a morte, chiamato in greco Iesoùs Nazarenòs.

Questi sono solo alcuni indizi.

Cosa si conosce delle vicende storiche della Sindone? Quanti anni della sua storia e quanti passaggi di proprietà sono stati senza dubbio accertati?

B.F.: La prova schiacciante è costituita da una miniatura antecedente il 1150 contenuta nel manoscritto Pray, conservato in Ungheria. Riproduce l'identikit della Sindone: la trama a spina di pesce, le quattro bruciature che lasciarono dei buchi disposti a squadra, illustrate anche in un dipinto del 1503, ma soprattutto il fatto che Gesù abbia le mani dove non si vedono i pollici. Questo fatto è davvero unico in tutta la storia dell'arte e si trova solo sulla Sindone, dove i pollici non si vedono perché i chiodi, trafiggendo i polsi, hanno intaccato il nervo mediano provocando la contrazione dei pollici nel cavo del palmo. Ritrarre Gesù con le dita mutile dei pollici era un insulto, un atto offensivo e inconcepibile: a meno che il miniatore non si sentisse autorizzato perché copiava un oggetto importantissimo e famosissimo.

Bisogna ricordare che in quel periodo regina d'Ungheria era la principessa Maria, figlia dell'imperatore di Costantinopoli, andata in sposa al re ungherese Béla III. La principessa era cresciuta nel palazzo imperiale di Costantinopoli, conosceva benissimo la Sindone lì custodita e probabilmente se ne fece fare un ritratto fedele.

Se ammettiamo che i Templari, in un periodo della loro storia, abbiano davvero posseduto la Sindone, come Barbara Frale sostiene con ottime argomentazioni, di colpo ha senso il valore che essi attribuiscono alla cordicella di lino che tutti i membri dell'Ordine sono tenuti a indossare. E ha senso anche il misterioso idolo barbuto venerato dai monaci guerrieri: possiamo presumere che, in origine, la cordicella fosse sacralizzata grazie al contatto con la pietra del Santo Sepolcro e che in seguito, perduto il Santo Sepolcro, continuerà a esserlo proprio attraverso il contatto con la Sacra Sindone, perfetto simbolo sostitutivo.

E possiamo comprendere perché questa verità resti celata: per il timore, come Barbara Frale ha detto, di vedersi sottrarre la Sindone…

Del resto, se solo il Gran Maestro e i maggiori dignitari sono a conoscenza di questa verità del Tempio, che senso avrebbe confessare quando ormai è evidente che tutto è inutile, che l'Ordine è spacciato comunque, e che il processo è solo una gigantesca farsa con un finale già scritto?

Che senso avrebbe consegnare la Sindone ai propri aguzzini, se questo non cambierà in alcun modo la sorte del Tempio?

Prima di proseguire la nostra storia, è necessario sottolineare un passaggio dell'intervista a Barbara Frale: la famiglia de Charny, cui appartiene Geoffroy de Charny, l'ultimo precettore di Normandia, risulta essere imparentata con i de la Roche...

È importante ricordare che abbiamo già incontrato la famiglia de la Roche; precisamente ad Atene, in occasione del presunto trasporto della Casa Santa a Loreto, sotto il pontificato di Celestino V.

Faciens Misericordiam

Adesso che la natura e la consistenza dei capi d'accusa ci sono più chiare, possiamo riprendere il corso del processo.

E lo riprendiamo da dove l'abbiamo lasciato, cioè dall'inchiesta pontificia e dall'interrogatorio di Chinon, quando, dopo aver finalmente potuto ascoltare i Templari, Clemente V ha modo di pronunciarsi per la prima volta sul destino dei cavalieri; e lo fa attraverso la bolla *Faciens Misericordiam*. Tuttavia, e qui è evidente tutta la sua abilità giuridica, ne redige due versioni, un trucchetto molto usato in quest'epoca a cui il papa ricorre per indurre il re di Francia ad allentare la presa e per prendere, coerentemente con l'atteggiamento tenuto finora, ancora tempo.

La prima versione, promulgata nel concistoro del 12 agosto 1308 e poi affissa alla porta della chiesa maggiore di Poitiers, descrive l'intervento del pontefice nel processo fino all'inchiesta da lui stesso diretta sui monaci giunti al suo cospetto e alla loro assoluzione collettiva, ribadita nella casa del cardinal

Pierre de La Chapelle-Taillefer il 10 luglio dello stesso anno; ordina l'apertura di inchieste locali che si spartiranno i Templari di tutta Europa, sottraendo agli inquisitori il futuro dell'inchiesta. Clemente V indice poi un concilio ecumenico che si svolgerà nella città di Vienne entro i successivi due anni e durante il quale, oltre alla risoluzione definitiva della vicenda templare, si discuterà l'organizzazione di una nuova Crociata. Quindi ordina allo stesso cardinale Pierre de La Chapelle-Taillefer, che in precedenza ha nominato custode legale dei Templari in Francia, di provvedere affinché i dignitari del Tempio si presentino al concilio o siano comunque rappresentati.

La seconda versione, successiva ma retrodatata al 12 agosto affinché i regnanti la ricevano a cose ormai fatte, annuncia che i dignitari sono stati assolti e reintegrati nei sacramenti, mettendo sia i vescovi che i re cattolici davanti al fatto compiuto.

Nel frattempo, il 13 agosto il papa decreta l'inizio delle ferie estive della curia e si ritira nella sua residenza di campagna.

Emettendo due varianti della *Faciens Misericordiam* Clemente V, come abbiamo detto, guadagna tempo. Tempo che, probabilmente, nelle sue intenzioni dovrà servire a ripetere quello che già è accaduto con la dirigenza del Tempio e i Templari giunti al suo cospetto: ottenere, tramite i commissari diocesani, la confessione dei peccati di rinnegamento di Cristo e oltraggio alla croce da parte di tutti i monaci arrestati. In questo modo il pontefice potrà impartire la sua assoluzione, limitandosi alla sospensione dell'Ordine e a una successiva riforma che ne eviti la soppressione, evitando di conseguenza lo scandalo per la Chiesa di Roma.

Ma la reazione del re di Francia non tarderà ad arrivare...

Il aossier Bonifacio VIII

Appena Filippo il Bello comprende di essere stato imbrogliato, fa scattare la manovra che da tempo tiene in serbo in caso di estrema emergenza, il ricatto che, assolutamente non celato, aleggia su Clemente V dalla sua elezione al soglio pontificio: l'attacco diretto alla Chiesa di Roma.

L'iniziale capro espiatorio della manovra di Filippo sarà il vescovo Guichard de Troyes, già caduto in disgrazia presso la corte di Francia e poi coinvolto in uno scandalo economico: il vescovo, accusato di aver fatto morire la regina con l'evocazione del diavolo, viene messo al rogo per ordine reale nonostante lo stesso Clemente V lo abbia in precedenza scagionato da ogni accusa e assolto.

Un atto di prepotenza che scavalca apertamente il potere religioso.

Filippo intende dimostrare che tutta la Chiesa di Roma è contaminata dal peccato, dalla corruzione e dall'eresia.

Un vescovo, Guichard de Troyes; un intero Ordine religioso, i Templari; e. un papa!

Dopo cinque anni di silenzio, i giuristi del re francese incalzano per ottenere la *damnatio memoriae* di Bonifacio VIII: progettano di riesumare la salma del pontefice deceduto nell'ottobre 1303 per sottoporla a un processo pubblico alla fine del quale la salma verrà bruciata, secondo un procedimento riservato ai nemici della fede.

E Clemente V non può assolutamente permettere che questo avvenga.

Il rogo del papa defunto metterebbe infatti tutta la Chiesa in una posizione di illegalità: se l'intero pontificato di Bonifacio VIII fosse considerato invalido, automaticamente tutti gli avvenimenti successivi all'abdicazione di Celestino V, compresa la stessa elezione di Clemente V, risulterebbero nulli.

Ma questo pericolo, per quanto enorme, non è l'unico che incombe sulla Chiesa.

Se il rogo della salma di Bonifacio VIII ci fosse davvero, si assisterebbe a uno sconvolgente capovolgimento del sistema: il potere laico della monarchia francese si porrebbe come guida della società cristiana, una guida alternativa e prevaricante dell'autorità papale.

Filippo il Bello è più che mai deciso ad andare avanti per la sua strada perché sa bene che alla fine lo attende la vittoria.

Oltre all'accusa di irregolarità nell'elezione, Benedetto Caetani è denunciato per ateismo manifesto, eresia, sodomia, bestemmia, evocazione dei demoni, complicità con i Templari e favoreggiamento verso le loro colpe.

All'inizio del 1309 vengono pubblicati novantaquattro articoli di accusa contro il papa defunto. Durante l'inverno, per raccogliere testimoni autorevoli che confermino l'eresia di Bonifacio VIII, Filippo il Bello invia in Italia il cardinale Napoleone Orsini. Nel febbraio 1309 Orsini ha già trovato i testimoni richiesti ed è pronto a condurli in Francia, mentre

Nogaret lavora all'allestimento del concilio generale che condannerà la memoria di papa Caetani.

Con il collegio cardinalizio diviso e buona parte dei vescovi francesi fedeli a Filippo il Bello, la minaccia di uno scisma fra la Chiesa di Francia e quella di Roma è molto pressante.

Clemente V si trova davanti a un terribile dilemma: deve scegliere se condannare l'Ordine del Tempio, come il sovrano pretende, oppure salvarlo e, così facendo, affrontare il rogo di Bonifacio VIII e lo scisma della Chiesa francese con tutte le nefaste conseguenze che ne deriveranno. Il papa è allo stremo delle forze; la salute sta per abbandonarlo definitivamente, dopo anni di lotta contro una gravissima malattia, oggi ritenuta un cancro all'apparato digerente, che lo ha più volte condotto in fin di vita. È attaccato da Filippo su tre fronti e non sa più come parare i colpi. Non può continuare a temporeggiare, perché il re di Francia gli fa chiaramente capire che non allenterà la morsa contro la Chiesa di Roma fino a quando lui non si deciderà a condannare i Templari.

Così il pontefice, probabilmente suo malgrado, si trova costretto a scegliere. E sceglie di tutelare l'integrità dell'istituzione della quale è a capo, sacrificando una parte per salvare il tutto.

Non è una scelta facile, ma è l'unica possibile, perché la Chiesa non ha abbastanza forza né abbastanza alleati per affrontare uno scontro diretto.

L'Ordine del Tempio è perduto: quella che segue è solo una lenta e penosa agonia.

Il 1° agosto 1309 Clemente V scrive a tutti i vescovi della Cristianità che, malgrado le sue originarie intenzioni, non procederà alla redazione di nuovi statuti per il Tempio e che pertanto i vescovi dovranno semplicemente condurre le inchieste secondo le modalità prestabilite.

Questa lettera sblocca la fase di stallo in cui il processo è caduto da oltre un anno, dall'emissione della bolla *Faciens Misericordiam* dell'agosto 1308.

Il re di Francia ha raggiunto il suo obiettivo e, per ora, può ritenersi soddisfatto.

Nell'agosto 1309 si insedia nel monastero di Sainte-Geneviève la commissione ecclesiale per dare avvio alla successiva fase dell'inchiesta sui Templari.

I monaci comprendono che la loro sorte è segnata, così abbandonano la via del compromesso seguita finora nell'illusione di potersi salvare; non intendono più fare il gioco del re e del papa e, una volta chiaro che tutto è perso, vogliono almeno salvare il loro onore e quello dell'Ordine cui appartengono: ritrattano in massa la totalità delle colpe confessate in precedenza, attribuiscono le confessioni alle torture subite e fanno i nomi dei diffamatori.

Il 26 novembre 1309 Jacques de Molay viene convocato davanti ai vescovi commissari che gli chiedono se intenda difendere il suo Ordine.

Il Gran Maestro ha davanti agli occhi la situazione in tutto il suo orrore: la Chiesa sta usando il Tempio come moneta di scambio nell'ambito di una contrattazione squisitamente politica; l'operato degli inquirenti non è altro che un'ulteriore forma di sopruso nei suoi confronti e nei confronti dell'Ordine che lui presiede. Durante la lettura dei documenti processuali registrati a Chinon nell'estate del 1308, che riportano la confessione delle colpe imputate e la successiva richiesta del perdono apostolico, Jacques de Molay dà segni di evidente sgomento; si fa due volte il segno della croce, appare esterrefatto e affronta i commissari con atteggiamento quasi offensivo, dicendo che confesserà molte altre cose se solo avrà davanti persone dotate dell'autorità per ascoltarlo.

Il Gran Maestro non può accettare che il duello fra il papato e il re di Francia venga risolto con la distruzione del Tempio sotto l'infamante accusa di eresia. Ricorda ancora la gloria e l'eroismo dimostrati in Terra Santa e non può permettere che un passato così splendente sia oscurato per sempre. Desidera combattere, pur sapendo che la sua ultima battaglia sarà unicamente una battaglia ideale.

Ma è un uomo solo e senza mezzi: chiede che gli sia data la possibilità di nominare almeno un avvocato, per poter condurre la difesa del Tempio in maniera adeguata. I vescovi possono concedergli soltanto di prendere un po' di tempo, due giorni, per riflettere sulla sua deposizione, ma lo avvertono che hanno l'ordine di condurre l'udienza in maniera sbrigativa.

Dopo due giorni, puntuali e implacabili, i commissari inquisitori tornano dal Gran Maestro; è venerdì. Jacques de Molay intravede un piccolo spiraglio di luce, una soluzione: dice che nei documenti letti in sua presenza il mercoledì precedente ha individuato un passo in cui il papa si riserva il giudizio su di lui e sui maggiori dignitari; loro non hanno pertanto alcun diritto d'interrogarlo. Aggiunge che, una volta davanti al pontefice, e soltanto allora, dirà tutto ciò che ha da dire.

La pace tra re e papa

Passano alcuni mesi, durante i quali il Gran Maestro attende invano l'arrivo di Clemente V.

Il 2 marzo 1310 Jacques de Molay è convocato nuovamente alla presenza dei vescovi commissari che gli chiedono per l'ennesima volta se abbia qualcosa da dire in difesa del suo Ordine, ma lui non cambia la sua versione: non dirà più una sola parola se non davanti al papa.

Il processo ricade in una fase di stallo e Filippo, insofferente, riprende in mano la situazione.

Nel marzo 1310 si apre, nel convento dei Domenicani di Avignone, il processo contro la memoria di Bonifacio VIII, ma poco dopo accade qualcosa di sorprendente: non soltanto il re di Francia rinuncia a ottenere la *damnatio memoriae* del papa defunto, ma addirittura Clemente V apre un'inchiesta *super zelo* sulla figura di Filippo il Bello. Un'inchiesta volta a dimostrare che il sovrano non ha attaccato Bonifacio perché mosso da motivazioni indegne, ma con il nobile ed elevato fine di difendere la fede.

Questo colpo di teatro è il frutto di una grandissima intuizione politica di Bérenger Frédol: testimoniando che il sovrano francese non ha agito slealmente ma solo perché costretto da alcune denunce, Frédol getta la responsabilità del procedimento sul cardinale Jean le Moine, uno dei più ardenti sostenitori dell'accusa.

Non solo. Frédol porta anche a un capovolgimento dell'inchiesta: non è più Bonifacio, ma lo stesso Filippo il Bello a essere sottoposto a un procedimento giudiziario, sebbene puramente formale.

E, cosa più importante, l'astuto cardinale elimina la barriera che finora ha separato la Chiesa di Roma e il re di Francia nella presunta battaglia per la salvaguardia della vera fede, ponendoli di colpo dalla stessa parte.

Ha così fine la lunga vicenda del processo contro Benedetto Caetani, iniziata ben tredici anni prima.

Il papa e il re hanno siglato una pace momentanea: a suggellarla sarà la definitiva distruzione dei Templari.

La condanna

Il 16 ottobre 1311 si apre solennemente la prima sessione del concilio di Vienne: fra i partecipanti, circa centosettanta importanti personalità religiose di tutto il mondo cristiano. Il concilio è riunito per discutere il destino della Terra Santa, l'eventualità di una nuova Crociata e per emanare la sentenza che metterà fine all'ormai annoso processo contro i Templari.

Il pontefice e i suoi collaboratori hanno maturato da tempo il loro personale giudizio, e il loro giudizio è di non colpevolezza, almeno rispetto all'accusa principale mossa dal re di Francia, quella di eresia. Dagli interrogatori da loro condotti, hanno avuto modo di evincere che i tanto pubblicizzati atti indegni contro la religione compiuti durante la cerimonia d'ingresso nell'Ordine altro non sono che una recita, vuote parole senza alcuna convinzione nell'anima; ma, ormai, questo non ha più importanza.

Clemente V deve condannare i Templari e lo fa: il 22 marzo 1312, con la bolla *Vox in Excelso*, dichiara chiuso l'Ordine con un provvedimento amministrativo; così facendo, elimina il Tempio dalla realtà storica, pur senza emettere una vera sentenza giudiziaria.

Scrive il papa: «Noi aboliamo il detto Ordine del Tempio, la sua Regola, il suo abito e il suo nome con un decreto irrevocabile e valido in perpetuo». Pena, l'immediata scomunica.

Nella bolla *Vox in Excelso*, Clemente V aggiunge che non saranno tollerate intromissioni di alcun tipo per quanto riguarda il destino dei beni dei Templari, devoluti all'altro grande Ordine religioso-militare, gli Ospedalieri. Il papa tenta forse, in tal modo, di mettere al riparo dall'avidità della Corona francese l'enorme patrimonio del Tempio, così che la Chiesa possa servirsene un domani per riconquistare il Santo Sepolcro di Gerusalemme, ma neanche questo gli riesce del tutto: siamo nel caos più totale ed è difficile controllare quello che sta accadendo e che accadrà.

Il 3 aprile 1312 Clemente e Filippo, insieme, si presentano davanti a un'assemblea composta dal clero, dai monarchi e dai nobili europei per dare lettura dell'ordinanza di soppressione dell'Ordine. Un cronista, Guglielmo di Nangis, ci riferisce una testimonianza di quel momento: ai presenti è imposto il silenzio, pena la scomunica.

Il re di Francia ha finalmente raggiunto in pieno il suo scopo: il Tempio è finito. Ora resta da decidere che ne sarà dei Templari.

Il 6 maggio 1312 la costituzione *Considerantes dudum* risolve anche questa questione e segna le sorti dei singoli cavalieri: quelli giudicati innocenti, cioè quelli che si sono riconciliati davanti alle commissioni diocesane, godranno di una rendita per la loro sussistenza commisurata al rango ricoperto nell'Ordine; nessuna pietà, invece, per i *relapsi*, cioè coloro che sono ricaduti nel peccato dopo l'abiura, in sostanza quelli che, dopo aver confessato, ritratteranno.

Così si procede, caso per caso.

Al Gran Maestro e ai maggiori dignitari è riservata una commissione istituita appositamente, presieduta da Enguerrand de Marigny, vescovo di Sens.

Il 18 marzo 1314, a Parigi, Jacques de Molay e i suoi compagni si presentano davanti alla commissione. Per l'ennesima volta viene data pubblica lettura delle imputazioni e delle relative confessioni; poi, velocemente, viene emesso il verdetto: carcere a vita. Ai condannati non è concesso alcun diritto di replica.

E qui ritroviamo il cronista Guglielmo di Nangis che, anche in questo caso, assiste di persona ai fatti e ce li riferisce: quando i cardinali e i signori riuniti in concilio credono di aver concluso per sempre la faccenda, d'improvviso e inaspettatamente il Gran Maestro e il precettore di Normandia prendono la parola con la forza...

Il rogo

È il 18 marzo 1314: davanti al concilio presieduto dall'arcivescovo di Sens, Jacques de Molay e Geoffroy de Charny prendono la parola, contestano tutte le accuse rivolte loro e gridano al popolo presente l'innocenza del Tempio.

Il Gran Maestro, dopo aver tentato in ogni modo di salvare il suo Ordine ricorrendo all'astuzia, alla diplomazia e anche al compromesso, sa di trovarsi davanti alla fine. E, davanti alla fine, desidera almeno un'ultima cosa: morire da templare. Non potrà farlo cadendo su un campo di battaglia in Terra Santa, come i suoi gloriosi predecessori colpiti dai nemici della fede; non potrà farlo fra le preghiere amorevoli dei confratelli, in una commenda.

Ma una cosa vuole e può fare: salvare la dignità.

Jacques de Molay sceglie di non finire i suoi giorni in carcere, solo e marchiato dall'infamia.

Che senso ha continuare a vivere quando è evidente che non ci potrà essere alcuna salvezza?

Che senso ha continuare a vivere quando tutto ciò in cui hai creduto ti è stato tolto?

Così il Gran Maestro, davanti al concilio, si alza e grida la sua innocenza; e il precettore di Normandia si alza, di fianco a lui, e sceglie di condividere il suo destino, come ha fatto finora.

I cardinali che assistono non si aspettavano nulla del genere e sono profondamente turbati da una tale irruenza e determinazione; decidono di sospendere la seduta: il fatto richiede ponderazione e la decisione viene rimandata al giorno successivo.

Filippo il Bello non può accettare che la vittoria, che già sente di stringere in pugno, gli sia sottratta ancora una volta dalle mani: all'insaputa dei cardinali e dello stesso papa, fa rapire immediatamente Jacques de Molay e Geoffroy de Charny e li fa condurre su un'isoletta nel tratto parigino della Senna, detta "l'isola dei Giudei".

Lì il Gran Maestro e il precettore di Normandia, all'ora dei vespri dello stesso 18 marzo 1314, vengono bruciati sul rogo.

Un cronista contemporaneo, che abbiamo già incontrato, il Templare di Tiro, racconta che l'esecuzione si tinge di toni violenti: il popolo dà inizio a una sommossa nel tentativo di liberare i prigionieri e le guardie del re sono costrette ad attendere che la massa venga dispersa, prima di poter procedere con l'esecuzione.

Da questo fatto risulta evidente come il Tempio sia ancora molto amato dalle persone e come la sua fine sia solo un'imposizione dall'alto.

Stiamo per vivere gli ultimi minuti di questa triste e incredibile vicenda.

Jacques de Molay chiede ai suoi aguzzini di allentare le corde che gli stringono i polsi per poter rivolgere un'ultima preghiera alla Vergine Maria, la *domina* sotto la quale tutta la straordinaria storia dei Templari ha avuto inizio e sotto la quale l'ultimo Gran Maestro sceglie che finisca, chiudendo idealmente in un cerchio l'intera vita dell'Ordine.

De Molay volge lo sguardo alla vicina cattedrale di Notre-Dame, lo stesso santuario nel quale, quasi sette anni prima, si era denudato per mostrare al pubblico le ferite delle torture con cui era stato obbligato a confessare le accuse di Filippo; prega.

Questa preghiera a Maria è l'ultimo atto del Gran Maestro; poi, Jacques de Molay muore.

La sua morte eroica colpisce con forza l'immaginario collettivo e stimola l'insorgere di molte leggende, fra cui quella che narra come il mantello del Gran Maestro, sul rogo, restasse intatto all'avanzare delle fiamme.

Il cronista Giovanni Villani racconta che le ceneri e le ossa di Jacques de Molay e Geoffroy de Charny verranno raccolte e custodite come reliquie. Il popolo ama i grandi dignitari del Tempio: nonostante le manipolazioni della propaganda regia, continua a considerarli dei martiri.

Fra tutte le leggende che nasceranno all'indomani dell'esecuzione sulla Senna, però, ce n'è una che ha un impatto straordinario: quella secondo la quale, nel momento di morire sul rogo, il Gran Maestro avrebbe convocato il papa e il re davanti al Tribunale di Dio entro quello stesso anno.

La forza di questa leggenda consiste nella conferma ricevuta dai fatti.

Nel giorno in cui si consuma il rogo dei vertici templari, il papa Clemente V è rinchiuso nell'abbazia di Roquemaure nel Gard: morirà il 20 aprile 1314, un mese e due giorni dopo Jacques de Molay. Con la sua scomparsa comincerà per la Chiesa di Roma il periodo della cattività in Avignone.

E non è finita qui: come già l'incoronazione di Clemente V, avvenuta a Lione, è stata funestata da un presagio di sventura, così anche le sue esequie sono segnate da una disgrazia. Non appena il cadavere viene composto in pompa magna per le celebrazioni, un candelabro gli rovina addosso incendiando il catafalco. L'evento, traumatizzante, sarà presto interpretato dal popolo come il segno del castigo divino: il Gran Maestro e il suo aguzzino, entrambi consumati dal fuoco, accomunati nella medesima sorte.

La fine di Filippo il Bello sembrerebbe confermare il racconto della maledizione di de Molay: il re morirà a quarantasei anni, il 29 novembre del 1314, dopo settimane di agonia per le ferite riportate in una caduta da cavallo durante una battuta di caccia. Morirà sapendo di lasciare il regno a un figlio malato e incapace, il futuro Luigi X.

Così i Templari finiscono ufficialmente, vittime della ragion di Stato e della debolezza politica di Clemente V.

E così escono dalla storia per essere consegnati alla leggenda.

Il tesoro

Le leggende sui Templari, come già abbiamo detto, nascono nel momento stesso della fine ufficiale dell'Ordine e ancora prima; la loro forza è giunta immutata fino ai nostri giorni.

Il Gran Maestro e il precettore di Normandia sono morti sul rogo, tutti gli altri Templari sono destinati a condividere la stessa sorte o, comunque, a concludere le loro esistenze in carcere. L'Ordine è stato soppresso.

Ma che fine fa il favoloso tesoro del Tempio?

In gran parte viene smembrato e diviso fra i vincitori; numerose reliquie appartenenti all'immenso patrimonio passano sotto la custodia dell'Ospedale... E il resto?

C'è ancora una storia che dobbiamo raccontare...

E la nostra storia parte da una deposizione raccolta dall'Inquisizione durante il processo: il templare Jean de Châlons di Poitiers dichiara che due suoi confratelli, Gérard de Villiers e Hugues de Châlons, avvertiti in anticipo dell'arresto di massa dell'ottobre 1307, hanno preso gran parte del tesoro e degli archivi, li hanno caricati su dodici carri coperti di fieno e hanno abbandonato il Tempio di Parigi al comando di cinquanta cavalieri, ai quali hanno ordinato di salpare su diciotto navi dal porto francese di La Rochelle, il misterioso porto sul versante atlantico.

Perché il Gran Maestro non è andato con loro?

Certamente per difendere il proprio onore e quello dell'Ordine che presiede, ma forse anche per distogliere l'attenzione dai dodici carri...

Mettere al sicuro quello che i carri trasportano è più importante di tutto, più importante della stessa vita di Jacques de Molay?

Gérard de Villiers e Hugues de Châlons vengono catturati pochi giorni dopo la loro fuga, ma quello che hanno portato via dal Tempio di Parigi non sarà mai ritrovato. Al momento del loro arresto, il tesoro e gli archivi sono già lontani.

Le diciotto navi sono salpate; gli uomini a bordo sono dei fuorilegge... Dove stanno andando?

Un segreto tramandato

Superstiti

La vicenda dei Templari è davvero ricca di colpi di scena e momenti memorabili; del resto, è stata in grado di impregnare di sé tutta l'Europa medievale, condizionandone la vita e lo sviluppo.

Adesso che abbiamo concluso la storia vissuta dai cavalieri all'insegna dell'ufficialità, possiamo provare a ricostruire tutto quello che succede dopo che le diciotto navi salpano dal porto di La Rochelle con a bordo, presumibilmente, parte del tesoro e delle reliquie custoditi nel Tempio di Parigi, per intraprendere un viaggio clandestino che ci riserverà ancora altri incredibili colpi di scena. Ma prima dobbiamo fermarci un attimo per capire cosa succede nel resto d'Europa mentre in Francia la furia si abbatte su Jacques de Molay e i suoi cavalieri.

L'Ordine del Tempio è una grandissima potenza sovranazionale ed è quindi chiaro che il piano di Filippo il Bello non può funzionare se l'Ordine sarà bandito nella sola Francia. Per impossessarsi dei beni dei Templari e annientare la loro forza, il re deve riuscire a distruggerli, a togliere loro la possibilità di esistere alla luce del sole e quindi, in ultima istanza, Filippo deve riuscire a impedire loro ogni possibilità di azione. La soppressione dei Templari deve assumere e assume un valore universale, ma questo non significa che la determinazione usata per distruggere i cavalieri sia la stessa ovunque. Tutt'altro.

Come abbiamo già visto, il 22 novembre 1307 Clemente V emette la bolla *Pastoralis Praeminentiae*, nella quale ordina a tutti i re cristiani di arrestare in suo nome i monaci guerrieri dei rispettivi regni, confiscandone i beni e ponendoli sotto la custodia della Chiesa: così hanno ufficialmente inizio le inchieste nel bacino del Mediterraneo, dall'Inghilterra a Cipro.

Soltanto in Italia, però, l'Inquisizione agisce con una crudeltà paragonabile a quella applicata in Francia, con prigionie durissime e il ricorso alla tortura. I cugini di re Filippo, gli Angiò del Regno di Napoli, appoggiano in pieno le tesi di Parigi e così pure i legati pontifici nello Stato della Chiesa.

Unica eccezione, l'arcivescovo di Ravenna, Rinaldo da Concorezzo, poi incluso nel canone dei santi: solo lui ha il coraggio di difendere i Templari e solo lui si rifiuta di ricorrere alla tortura. Nel 1311 esamina i casi dei cavalieri delle precettorie di Bologna e Piacenza e assolve gli indagati giudicandoli, senza eccezione alcuna, innocenti.

In linea di massima, comunque, con maggiore o minore partecipazione, tutti i Paesi che non subiscono l'egemonia della Francia arrivano a convincersi che l'Ordine non sia colpevole e che il processo sia solo una gigantesca manovra perpetrata da un re avido e ambizioso con l'avallo di un papa debole.

Il monarca inglese, Edoardo II, attende fino all'arrivo di un secondo ordine pontificio, il 15 dicembre 1307, prima di decidersi ad agire; e fa passare ancora tre settimane prima di comandare l'irruzione nel Tempio di Londra, trovato spoglio di ogni tesoro, e di procedere all'arresto dei Templari. A questo punto, però, sono pochissimi i cavalieri che si lasciano rintracciare e catturare, e quei pochi non saranno sottoposti alle torture dell'Inquisizione. Fatte queste premesse, c'è un dato che fa riflettere: in Inghilterra, nessun monaco confessa di adorare una testa barbuta, di disprezzare la Santa Croce, di rinnegare Cristo o di essere omosessuale. Non si tratta certo di un caso: è evidente che nei processi inglesi le domande non vengono poste nel modo secco utilizzato dagli Inquisitori francesi, dove ai prigionieri è consentito tutt'al più di rispondere con un sì o con un no ad accuse già formulate; le domande vengono invece poste in modo tale che gli inquisiti abbiano la possibilità di argomentare e di giustificarsi, e questo spiega la quasi totale assenza di incriminanti confessioni.

In Germania i cavalieri si presentano spontaneamente nei tribunali, dove entrano armati, orgogliosi della loro innocenza e determinati a dare battaglia; ma non ce ne sarà bisogno: il tribunale arcivescovile li proscioglierà da ogni accusa. Dopo la soppressione universale che colpisce comunque l'Ordine, i Templari tedeschi si uniranno ai cavalieri teutonici e proseguiranno le loro attività.

Lo stesso avviene in Spagna, dove i Templari sono inglobati dall'Ordine di Calatrava, fondato nel 1158 dall'abate cistercense Raimondo de Fitero per difendere la città dai Mori, e dall'Ordine di Montesa, con sede nel castello di Montesa, in Valencia, fondato pro-

Jacques de Molay è l'uomo che si trova a essere Gran Maestro del Tempio nel momento più tragico della storia dell'Ordine.

(*Dal capitolo "Il rogo"*)

Sulla tomba
di Celestino V
c’è un sigillo
e una scritta:
Salomon Rex, Re
Salomone.
I Templari hanno
voluto immortalare
per sempre il legame
che li ha stretti
a questo papa?

(*Dal capitolo “Il progetto Aquila”*)

La fine di Filippo il Bello sembrerebbe confermare il racconto della maledizione di de Molay: il re morirà a quarantasei anni, il 29 novembre del 1314, dopo settimane di agonia per le ferite riportate in una caduta da cavallo durante una battuta di caccia.

(*Dal capitolo "Il rogo"*)

Gli affreschi di Santa Maria ad Cryptas a Fossa, a pochi chilometri dall'Aquila, portano il segno tangibile dei Templari. La *Flagellazione*, la *Crocefissione* e la *Deposizione* mostrano un Gesù molto più alto dei suoi contemporanei, esattamente come sembra

dimostrare l'immagine impressa nella Sacra Sindone di Torino. Nella *Deposizione* la postura della testa e la particolare posizione del pollice della mano rimandano, ancora, all'impronta sindonica.

(*Dal capitolo "Il progetto Aquila"*)

Secondo alcuni studiosi la basilica di Santa Maria di Collemaggio a L'Aquila sarebbe nata proprio per custodire al suo interno una preziosissima reliquia d'origine templare. Una reliquia che viene dalla Terra Santa.

(*Dal capitolo "Il progetto Aquila"*)

E se la Casa Santa di Loreto, uno dei luoghi di pellegrinaggio tra i più importanti nel mondo cattolico, visitato da circa duecento santi e beati e da numerosi papi, fosse realmente la casa di Nazareth?

(*Dal capitolo "Il progetto Aquila"*)

Ero alla ricerca
di un altorilievo
collocato nella
grandiosa cattedrale
di Chartres a
sudovest di Parigi...
Descrissi quello
che stavo cercando,
l'immagine di un
carro trainato
da buoi con sopra
un forziere e sotto
a esso una scritta.
"ARCHA?"
mi chiese un giovane
operaio con i capelli
imbiancati dalla
polvere di marmo.

(*Dal capitolo "La linea del tesoro"*)

CEDERIS
DIC

"Il tesoro è sepolto fra l'olmo e la quercia" dice una leggenda. Siamo stati a Temple e del vecchio paese sono rimaste poche case e due chiese. Una, ridotta a uno scheletro in muratura, si trova

al centro di un cimitero pieno di tombe templari e massoniche. Eravamo circondati da olmi e da querce secolari!

(*Dal capitolo "La linea del tesoro"*)

Tra le tante sculture che sono nella cappella di Rosslyn, troviamo la raffigurazione della pianta del mais e dell'aloe, sconosciute in Europa prima della scoperta dell'America: eppure queste piante sono state scolpite nella cappella cinquant'anni prima che Colombo raggiungesse le Americhe...

Alcuni studiosi sono pronti ad affermare che parte del tesoro dei Templari sia nascosta nella Colonna dell'Apprendista; addirittura parlano del Santo Graal.

(Dal capitolo "La linea del tesoro")

© C. Furlong / Getty Images

Ripercorriamo il cammino dei Templari e di quello che portavano con loro. Il mitico tesoro? *(Dall'Epilogo)*

Porto Recanati
Loreto
Aquila
Atene
S. Giovanni d'Acri
(Siria)
Cipro
Gerusalemme

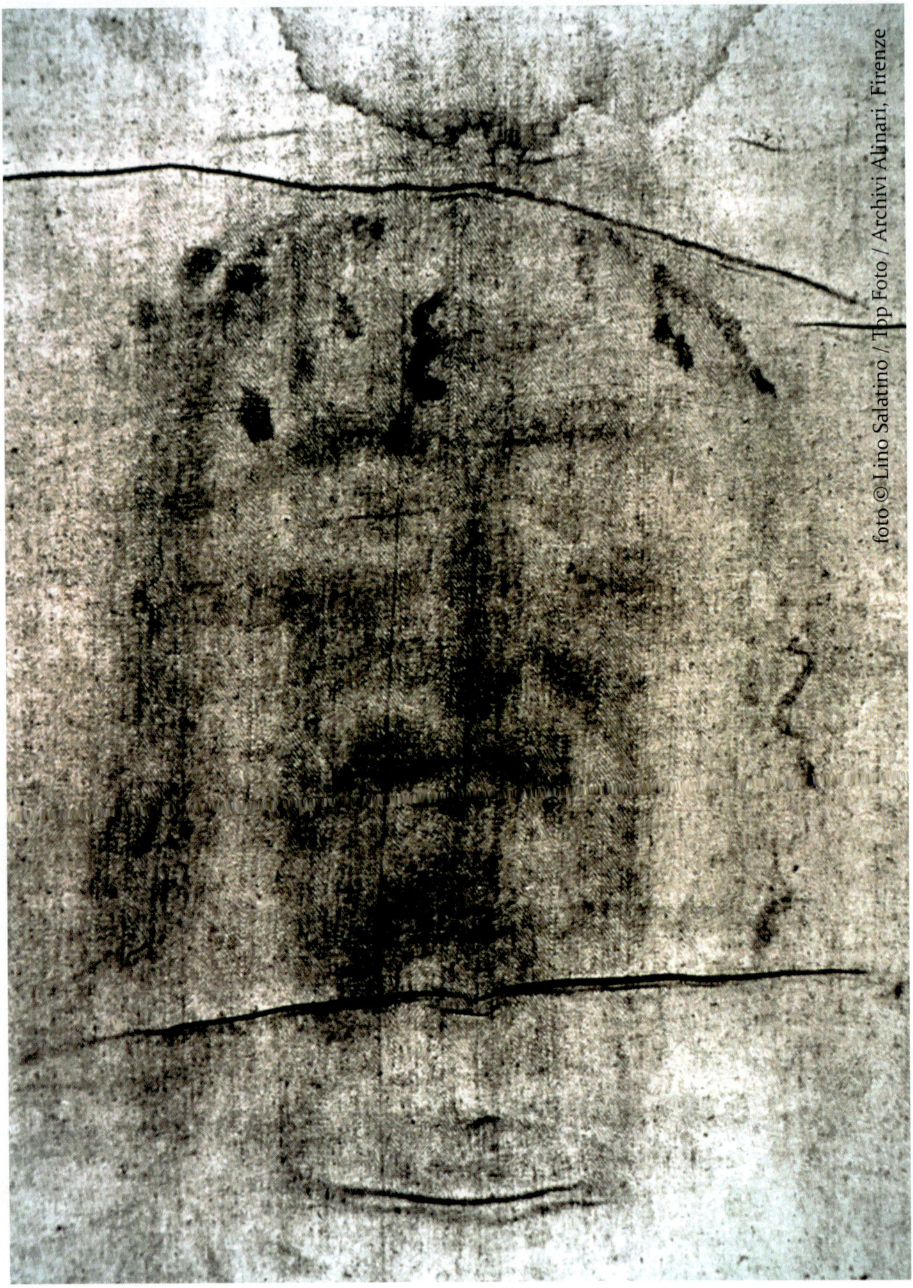

Sono molti gli indizi che ci inducono a credere che la Sindone, il sudario di Gesù, prova della sua morte e della sua resurrezione, sia stato, per alcuni decenni, proprio nelle mani dei Templari, quindi parte del loro tesoro.

(*Dal capitolo "Il rogo"*)

prio dopo la soppressione del Tempio da re Giacomo II d'Aragona con l'avallo di papa Giovanni XXII.

Un caso del tutto a parte è rappresentato dalla situazione scozzese e portoghese: in Scozia e in Portogallo, infatti, le accuse di Filippo il Bello e gli ordini di Clemente V vengono completamente ignorati.

Nel 1309 Roberto I, il re scozzese, processa solo due Templari catturati a sud del confine con la Scozia: entrambi vengono presto rilasciati. Dopo la soppressione dell'Ordine, ai Templari scozzesi saranno concesse case, terre e la "copertura" delle corporazioni dei costruttori, visto che, come già abbiamo detto, fra le numerose eccellenze dei cavalieri c'era anche la loro sapienza di costruttori. Inoltre i Templari scampati alla cattura avranno la possibilità di decidere se unirsi all'Ordine Reale di Scozia, il cui Gran Maestro è il re stesso, o all'Ordine di Heredom, che gode della protezione della famiglia Sinclair.

Ma il caso della Scozia è talmente particolare che sarà necessario tornarci in seguito, quando racconteremo una storia che ci porterà molto lontano, ben oltre il mondo conosciuto, una storia che seguirà il percorso clandestino dei cavalieri.

Un percorso più istituzionale sarà invece quello dei Templari in Portogallo. La provincia del Portogallo è, infatti, dopo quella francese, la base più solida del Tempio: qui i cavalieri sono molto potenti, perché i re borgognoni di Lisbona non solo devono loro in gran parte la riconquista del territorio e il trono stesso, ma ne dipendono ancora militarmente a causa della minaccia musulmana, sempre latente.

I Templari si radicano in Portogallo sin dall'inizio della loro storia e in questa provincia la loro presenza, per le particolari condizioni geo-politiche, assume un senso molto vicino a quello che ha avuto in Terra Santa.

Gualdim Pais, nominato nel 1157 priore provinciale dell'Ordine del Tempio in Portogallo, partecipa a tutte le battaglie combattute nella regione, fino alla presa di Santarém e di Lisbona. Prima di questi scontri decisivi, Bernardo di Chiaravalle gli fa sapere che la Vergine gli è apparsa in sogno per predirgli la vittoria del re. Quando, puntuale, la vittoria arriva, in segno di ringraziamento re Alfonso Henriques offre a Bernardo il terreno e i fondi necessari alla costruzione dell'abbazia di Alcobaça. Inoltre, dopo aver incaricato il Tempio di garantire la sicurezza della frontiera che separa il Portogallo dall'Andalusia, ancora in mano degli infedeli, il re concede ai Templari tutte le terre situate tra Santarém e Tomar.

Nel 1162 viene avviata dai cavalieri, proprio a Tomar, la costruzione di una chiesa-convento-fortezza, ben presto attorniata da una decina di commende: il nucleo del Tempio di Tomar ricalca il modello circolare voluto da Costantino a Gerusalemme e sarà la sede dell'Ordine fino all'anno del suo scioglimento ufficiale.

Nel 1320 la fortezza di Tomar diventerà sede dell'Ordine dei Cavalieri di Cristo, fondato da re Denis di Portogallo il 5 maggio 1319, nel quale confluiranno i Templari dopo la soppressione del loro Ordine. Alla nuova istituzione il re regala intatte tutte le proprietà dei Templari e quindi, in apparenza, sembra non cambi nulla rispetto all'immediato passato: stessa Regola, stessa organizzazione, stessi uomini, stessi beni...

Tutto intatto tranne un dettaglio, che è però fondamentale: il Gran Maestro è nominato dal sovrano, ed è proprio lui a diventare il primo Gran Maestro dei Cavalieri di Cristo. Il nuovo Ordine perde quindi l'autonomia e la sovranazionalità che è stata propria dei Templari per diventare un Ordine nazionale; ma vive e vivrà ancora a lungo, giocando un ruolo decisivo nella storia del Portogallo e del mondo.

Papa Giovanni XXII confermerà lo statuto dei Cavalieri di Cristo e ne affiderà, dettaglio di non poco conto, ancora una volta la Regola religiosa ai Cistercensi.

Il re del Portogallo però non si limita a non prendere provvedimenti contro il Tempio: accoglie addirittura i monaci che, in fuga, riescono a raggiungere le sue terre.

E non si può credere che a muoverlo sia solo la riconoscenza, valore che con la politica ha poco a che fare, né la necessità del servizio di vigilanza alle frontiere, dal momento che, ora che il regno si è consolidato, potrebbe occuparsene contando sulle proprie forze: ciò a cui veramente mira il re è la flotta templare giunta nel porto di Serra d'El-Rei e le straordinarie conoscenze dei cavalieri in fatto di rotte e navigazione, elementi che permetteranno presto al Portogallo di diventare una delle più grandi potenze marittime dell'Occidente.

L'Ordine dei Cavalieri di Cristo inalbererà fieramente l'antica croce templare sulle sue vele e nel XV secolo, al comando di Enrico il Navigatore, suo vice Gran Maestro, avrà ragione dell'Islam sui mari.

Dunque, è evidente che la storia dei Templari non finisce affatto con il rogo del Gran Maestro e del precettore di Normandia.

Anche se l'Ordine è stato soppresso come istituzione, il grande ideale che lo animava e che ha ormai impregnato di sé l'Occidente non può essere spazzato via con un procedimento burocratico della Chiesa: continuerà a influenzare, più o meno celato, il corso della storia e sarà raccolto da uomini straordinari che sapranno farlo sopravvivere gloriosamente.

Uomini, a volte, insospettabili.

Eredità templare

Il fatto che nei Paesi che non subiscono l'egemonia francese e della curia di Roma sia perfettamente chiara l'innocenza dei Templari e il fatto che il processo intentato ai loro danni sia solo una manovra politica messa in atto da Filippo il Bello con il ricattato appoggio di Clemente V, ci dimostrano in modo palese, se ancora ce n'è bisogno, la cattiva fede del re e del papa e l'assoluta arbitrarietà delle loro azioni, che si svelano in tutta la loro natura criminale.

E non sono solo i regnanti e i potenti a vedere la situazione per quello che realmente è, ma anche il popolo, quel popolo che abbiamo visto affollarsi tumultuoso all'esecuzione del Gran Maestro e del precettore di Normandia; quel popolo che, subito dopo il consumarsi del rogo di Jacques de Molay e Geoffroy de Charny, abbiamo visto raccogliere oggetti che li ricordino per conservarli come preziose reliquie.

Filippo il Bello è riuscito a imporre la distruzione dell'Ordine del Tempio ma non può cancellarne l'essenza. I Templari, sia pure con le loro mancanze e le loro colpe, sono troppo radicati nella società dell'epoca per finire con un solo rogo, e la loro storia è destinata a essere lunga, molto più lunga di quanto si possa immaginare.

Fra i tanti che giudicano l'Ordine vittima di una spaventosa macchinazione promossa dal re di Francia per incamerare il patrimonio templare, c'è anche uno degli uomini più famosi di tutti i tempi, un contemporaneo di Jacques de Molay, Dante Alighieri, il quale, nella sua celeberrima *Commedia*, presto diventata per la sua indiscutibile grandezza artistica e per il suo contenuto "divina", allude ripetutamente ai cavalieri e a quello che gli è ben chiaro essere il loro martirio.

Nel canto XIX dell'*Inferno*, nella terza bolgia dell'ottavo cerchio, dove sono puniti i simoniaci, cioè coloro che fanno commercio delle cariche ecclesiastiche, pratica molto diffusa all'epoca, Dante incontra uno dei protagonisti del processo, Clemente V, e condanna senza clemenza alcuna la maniera in cui questo papa è sceso a patti con Filippo il Bello, tradendo la fede che, sola, avrebbe avuto il dovere di servire.

Nel canto XX del *Purgatorio*, nella quinta cornice, dove espiano le anime degli avari e dei prodighi, il poeta rimarca ancora la sua posizione nei confronti di questa intricata vicenda giudiziaria e lo fa cedendo la parola a Ugo Capeto, capostipite della dinastia francese dei re capetingi: il sovrano apre una durissima requisitoria contro i suoi discendenti, responsabili della dilagante corruzione del mondo; fra questi, cita l'altro protagonista del processo, Filippo il Bello, e lo accusa di essere colpevole del triste episodio di Anagni ai danni di Bonifacio VIII e della persecuzione contro l'Ordine Cavalleresco dei Templari, bollando questi due episodi come turpi esempi di una politica francese mossa esclusivamente dalla violenza e dalla cupidigia.

Ma i richiami ai Templari non finiscono qui.

Alla fine del suo viaggio celeste, negli ultimi canti del *Paradiso*, Dante prende come guida Bernardo di Chiaravalle, colui che ha fissato la Regola templare, il monaco dallo spirito contemplativo e mistico, devoto a Maria, quasi a indicare che, per innalzarsi alla visione ultima del divino cui tutto il cammino della *Commedia* tende, non può bastare la scienza teologica ma è necessario possedere lo stesso ardore contemplativo che ha reso grande Bernardo. E, soprattutto, è necessario ricevere il soccorso della Grazia, che si può ottenere solo con l'intercessione della Vergine, quella Vergine alla quale Jacques de Molay, sul rogo, ha rivolto la sua ultima, straziata preghiera.

Ma, forse, il poeta che tanto ha elevato la storia culturale del nostro Paese è legato ai Templari da un vincolo molto più stretto di quello che è possibile dedurre dai passi della sua *Commedia*.

Nell'Imperial Museum di Vienna è conservata una medaglia, realizzata dall'artista italiano Pisanello: su una delle due facce è rappresentato il volto di Dante; sull'altra sono incise le lettere F.S.K.I.P.F.T. Secondo l'interpretazione data da René Guénon in *L'Esoterismo di Dante*, queste lettere starebbero a significare: Fidei Sanctae Kadosh, Imperialis Principatus, Frater Templarius.

Il genitivo latino *Fidei Sanctae*, "della Fede Santa", sarebbe un richiamo al Terzo Ordine di filiazione templare, il che giustificherebbe l'appellativo latino finale, *Frater Templarius*, "Fratello Templare".

I dignitari di questo Terzo Ordine di filiazione templare assumono il titolo di *Kadosh*, termine ebraico che significa "santo" o "consacrato", e che si è conservato fino ai nostri giorni negli alti gradi della Massoneria.

Ci fermiamo soltanto un attimo per raccontare una curiosità davvero molto interessante: il rituale di ammissione al grado di cavaliere Kadosh richiede tutt'oggi che si maledicano Clemente V e Filippo il Bello; e, al livello più basso, al neofita viene mostrato uno scheletro con lo stendardo dei Templari e il pugnale sguainato...

E ora riprendiamo il filo dell'interpretazione: per le prime tre lettere, F.S.K., abbiamo l'espressione "Consacrato della Fede Santa"; e per le ultime due, F.T., "Fratello Templare".

Resta da decifrare I.P., *Imperialis Principatus*; due sarebbero le interpretazioni possibili: una rimanderebbe alla posizione politica di Dante, favorevole al potere imperiale, l'altra al significato simbolico di Santo Impero, un significato che, ancora oggi, qualifica i membri dei Supremi Consigli nella Massoneria scozzese, così come il titolo di principe, che entra nelle denominazioni di un numero abbastanza ampio di gradi massonici.

Secondo René Guénon, la medaglia di Pisanello sarebbe quindi la prova dell'appartenenza di Dante, in quanto iniziato, a una loggia massonica.

Ma c'è chi si spinge addirittura oltre, arrivando a ipotizzare che il viaggio compiuto dal poeta nella sua *Commedia* non sarebbe solo un viaggio di fantasia, un viaggio allegorico, ma potrebbe essere il racconto cifrato di un viaggio reale che Dante avrebbe fatto in una regione affascinante e lontana, l'Islanda. Giancarlo Gianazza e Gian Franco Freguglia, nel loro libro *I custodi del messaggio*, sostengono che il poeta abbia voluto indicare con la descrizione del giardino dell'Eden in cima alla montagna del purgatorio proprio quest'isola del Nord Europa che per molti studiosi sarebbe da identificare con la mitica Thule, una terra di fuoco e ghiaccio nella quale il sole non tramonta mai e che si troverebbe, stando a quanto ha scritto nel III secolo a.C. l'esploratore greco Pitea nei suoi diari di viaggio, a circa sei giorni di navigazione dall'attuale Regno Unito.

Calcolando la durata del tragitto basandoci sui mezzi a disposizione nel III secolo a.C., non è da escludere che possa realmente trattarsi dell'Islanda.

Il racconto di tale terra è destinato a creare una grande fascinazione nell'immaginario dei secoli a venire. È il poeta romano Virgilio, trent'anni prima della nascita di Cristo, a chiamare questo luogo, per la prima volta, *Ultima Thule*: l'aggettivo intende sottolineare il suo stato di estrema terra conosciuta, ma l'espressione utilizzata da Virgilio andrà ben oltre e incontrerà un'enorme fortuna, contribuendo a dare vita alla leggenda intorno al misterioso luogo descritto da Pitea. Una leggenda che parla di magia e di una stirpe di uomini straordinari.

E se l'*Ultima Thule* fosse davvero l'Islanda?

E se Dante, dentro il viaggio della sua *Commedia*, in gran parte fatto proprio seguendo la sapiente guida di Virgilio, nascondesse in realtà un viaggio più fisico che spirituale, un viaggio da lui compiuto precisamente in Islanda?

Hvannadalshnúkur è una montagna, la più alta di quest'isola del Nord Europa: gli islandesi la considerano una montagna magica, che si innalza sopra vulcani dormienti, e pertanto la chiamano "la porta dell'Inferno".

Ma Giancarlo Gianazza, che ho avuto occasione di conoscere proprio in Islanda, e Gian Franco Freguglia spingono la loro teoria ancora più avanti: sostengono che la *Commedia* conterrebbe anche la mappa di un immenso tesoro; un tesoro nascosto, naturalmente, in Islanda. I due studiosi hanno individuato in un anfiteatro naturale e in una pietra collocata al suo centro, rispettivamente, la "candida Rosa dei Beati" e il "trono di Beatrice"... I luoghi del paradiso nei quali Dante incontra Dio. La loro ipotesi è che in questa parte dell'Islanda sia nascosto qualcosa di molto importante, qualcosa che, se ritrovato, potrebbe cambiare il corso della storia.

Che tutto questo sia solo un bel volo della fantasia o invece un'ipotesi realmente percorribile, resta il fatto che esiste un forte collegamento fra Dante e i Templari, così come fra i Templari e l'Islanda; un collegamento sul quale torneremo a breve, quando sarà il momento di raggiungere le navi partite da La Rochelle per seguire il loro viaggio.

L'eredità ideale dei Templari, comunque, non si è spenta nel corso degli anni: ha continuato, in molti modi, a essere tramandata e a vivere.

Nel XVIII secolo, il secolo che vedrà il tramonto dell'ordinamento feudale e il progressivo dissolvimento dei poteri assolutistici, la croce dei Templari sarà elevata a simbolo di un grande ideale di riunificazione spirituale e tornerà a essere attuale. Non dobbiamo dimenticare, infatti, che il Tempio ha avuto la capacità di imporsi, nel Medioevo dei feudi e dei regni, come una potenza assolutamente sovranazionale, precorrendo, e di molto, i suoi tempi.

E non solo Dante, ma anche altri grandi intellettuali europei venuti dopo di lui inseriranno nelle loro opere dei richiami ai Templari.

Gotthold Ephraim Lessing, eccellente scrittore, filosofo e drammaturgo tedesco nonché membro della Massoneria, dimostrerà di conoscere il principio templare della "stretta osservanza": nel suo dramma in versi *Nathan il Saggio*, ambientato a Gerusalemme e composto fra il 1778 e il 1779, l'Ordine risorgerà nella finzione narrativa grazie al personaggio di un cavaliere templare.

Johann Wolfgang von Goethe, membro a Weimar della loggia massonica "Anna Amalia alle tre rose", a cui lo scrittore sarà iniziato nella notte di San Giovanni, il 23 giugno 1780, definirà il ripristinato Ordine una "mascherata in bianco e rosso".

Il bianco e il rosso: i colori dei Templari. Il 23 giugno, la notte di San Giovanni: il santo dei Templari.

Nel grande romanzo di formazione di Goethe *Gli anni di apprendistato di Wilhelm Meister*, scritto fra il 1795 e il 1796, compariranno i membri di una "Società della Torre", organizzazione massonica con perfette corrispondenze con l'Ordine dei Templari e il cui scopo è l'elevazione spirituale dei membri.

Wolfgang Amadeus Mozart, che il 14 dicembre 1784 sarà iniziato a Vienna alla loggia massonica "La Beneficenza", si ispirerà all'ideale templare nel suo *Flauto magico*, nel quale ripercorrerà metaforicamente il viaggio dell'iniziato dal buio dell'ignoranza verso la luce della conoscenza.

La Massoneria quindi, che in qualche modo proseguirà il percorso già profondamente tracciato dai Templari, accoglierà nelle sue file i maggiori intellettuali europei per tramandare un bagaglio di conoscenze che ha radici antichissime. E tutto questo senza che, dalla soppressione dell'Ordine del Tempio, ci sia una vera e propria frattura.

Il merito di questa continuità ideale è probabilmente da ascriversi ad alcuni uomini, coloro che, scampati all'arresto di Filippo il Bello, si occuperanno di passare il testimone di una grande sapienza; gli uomini in fuga dal porto di La Rochelle, che affronteranno il mare con un carico speciale: gli archivi del Tempio di Parigi e, forse, un immenso tesoro.

Quegli uomini che saranno gli ultimi Templari.

È giunto il momento di prendere il largo e di rincontrarli...

La linea del tesoro

Clandestini in mare

È la notte fra il 12 e il 13 ottobre 1307.

Mancano poche ore all'arresto dei Templari; soltanto poche ore e avrà inizio l'oscura storia che abbiamo raccontato. L'Ordine è perduto, sta per essere sacrificato sull'altare degli interessi politici ed economici di un re che ambisce a un potere assoluto, e che non vuole più sottostare all'autorità della Chiesa né ad alcuna altra forma di autorità.

Dodici carri coperti di fieno stanno uscendo dal Tempio di Parigi; loro alleata e complice, l'oscurità. A guidarli sono Gérard de Villiers e Hugues de Châlons; insieme a cinquanta confratelli, si allontanano in gran fretta. La fuga di Gérard de Villiers e Hugues de Châlons durerà solo pochi giorni; saranno presto catturati dai soldati del re di Francia, ma dei carri e del loro carico non si saprà più nulla. Al momento dell'arresto dei due Templari, i carri e il tesoro sono già lontani.

È l'alba del 13 ottobre 1307.

La gendarmeria di Filippo il Bello fa irruzione nella Casa del Tempio di Parigi ma non vi trova, come testimoniano i verbali stilati all'epoca, che poche monete d'argento e di rame. In questo non c'è nulla di strano: il Tempio è una banca; fatta eccezione per i fondi finalizzati alla circolazione del denaro, la valuta che percepisce viene immediatamente investita. Se gli emissari del re trovano così poco contante nei forzieri dell'Ordine, è perché i cavalieri, come sappiamo, non tesaurizzano i loro beni ma li fanno fruttare.

Che cosa trasportano quindi i dodici carri guidati da Gérard de Villiers e Hugues de Châlons?

Che cosa trasportano di tanto prezioso da sfidare una notte clandestina?

Un immenso tesoro, questo è indubbio: il tesoro dei Templari.

Quando pensiamo al tesoro dei Templari, però, non dobbiamo immaginare, come forse verrebbe naturale, solo monete d'oro, d'argento e di rame: il vero tesoro è costituito dai documenti segreti che contengono le enormi conoscenze accumulate dall'Ordine nella sua storia e nei suoi viaggi fra Oriente e Occidente, quei registri segreti che non verranno mai ritrovati. Soprattutto, il vero tesoro è costituito dalle reliquie raccolte in Terra Santa, a tal punto preziose da dover essere messe al sicuro, a qualunque costo.

Il Santo Graal, l'Arca dell'Alleanza, il sudario di Gesù Cristo... Mitici oggetti con i quali i Templari hanno certamente avuto forti relazioni storiche. Nel Medioevo le reliquie hanno un valore che forse per noi è persino difficile immaginare; un valore che non scaturisce solo dal potere conferito automaticamente a chi le possiede, ma che è anche economico. Molti signori, ecclesiastici e re sono pronti a pagare qualsiasi cifra pur di possedere una testimonianza concreta della vita di Gesù; e il popolo dei fedeli è pronto a tributare a tali reliquie un'adorazione assoluta.

I dodici carri che abbandonano nella notte il Tempio di Parigi scortati da cinquanta cavalieri trasportano dunque gli archivi segreti dell'Ordine e alcune preziosissime reliquie?

Non potremo saperlo mai con certezza. Quello che possiamo fare è tentare di ricostruire il loro ipotetico percorso.

A guidarli sono degli uomini in fuga, braccati, sui quali, alla luce dei fatti che abbiamo raccontato, pende una condanna a morte.

Ma prima di proseguire con la narrazione vorrei portare all'attenzione un episodio accadutomi alcuni anni orsono.

Di questo trasporto sorprendentemente esisterebbe una traccia, un altorilievo collocato nella grandiosa cattedrale di Chartres, a sudovest di Parigi, costruita negli anni immediatamente successivi al ritorno dei Templari dalla Terra Santa.

Sono stato sul posto per cercarlo. Avevo letto della sua esistenza, ma su sette libri diversi avevo trovato altrettante collocazioni. Qual era quella giusta? Dopo un'intera mattinata trascorsa a seguire sul posto queste indicazioni ho constatato di persona: nessuna. Nessuna coincideva con la verità. Volevo trovare l'incisione, ma era come cercare un ago in un pagliaio. In quale settore, a quale altezza, all'interno o all'esterno: una missione impossibile. Finché non è successo qualcosa di imprevisto.

Avevo chiesto informazioni a molti senza ottenere indicazioni valide e mi stavo allontanando dalla cattedrale quando incrociai un gruppo di operai che forse tornavano al cantiere dopo la pausa pranzo. Quale cantiere? Avevo notato che l'ingresso laterale di sinistra era coperto da un'impalcatura. Erano forse diretti lì? Potevano sapere qualcosa? Chiedere non costa nulla, e non volevo mi rimanesse in testa il dubbio di non aver tentato tutto il possibile. Li fermai, e in un francese maccheronico provai a spiegarmi, descrissi quello che stavo cercando, l'immagine di un carro trainato da buoi con sopra un forziere e sotto a esso una scritta. «Archa?» mi chiese un giovane operaio con i capelli imbiancati dalla polvere di marmo. Mi si gelò il sangue. «Certo!» risposi. Mi fece segno di seguirlo, passai sotto i teloni che avvolgevano l'impalcatura e dopo qualche peripezia mi trovai di fronte a quello che ormai pensavo fosse solo il retaggio di una leggenda. Era lì, un altorilievo appena ripulito dai segni del tempo. Perfetto e sorprendente. Nessuna delle indicazioni trovate prima della partenza coincideva. I libri che avevo letto, per chissà quali licenze letterarie degli autori, collocavano quest'immagine in luoghi diversi e tutti sbagliati. La rappresentazione del trasporto era chiara, la scritta sottostante anche. La guardai per quanto potei. Tornai l'anno dopo per fotografarla meglio, senza impalcature. Le foto compaiono in questo libro. Ma torniamo alla storia, alla partenza precipitosa...

Il convoglio lascia Parigi; devono allontanarsi, e devono farlo in fretta. Per loro la Francia è certamente il posto meno sicuro al mondo: gli uomini che guidano i carri devono uscire dal Paese nel minor tempo possibile e mettere molto terreno fra sé e gli inseguitori.

La mossa più sensata è certamente quella di raggiungere un porto. Ma quale?

I Templari hanno un gran numero di porti fra cui scegliere: la loro supremazia si è infatti imposta, come abbiamo visto, anche nel traffico marittimo, soprattutto verso quei luoghi della Terra Santa che hanno spesso raggiunto per scopi militari, commerciali e per trasportarvi i pellegrini. Senza dubbio, quindi, i fuggitivi scelgono un porto templare; gli altri non sono altrettanto sicuri.

Ma quale, fra i tanti a disposizione?

I porti sul Mediterraneo sono troppo lontani e comunque i cavalieri non possono sapere quale atteggiamento assumeranno il conte di Provenza e il conte di Barcellona, signori delle regioni in cui questi porti fioriscono: se decidessero di seguire l'esempio del re di Francia, i fuggitivi rischierebbero di trovarsi in trappola e di perdersi per sempre, loro e il loro carico.

È un momento di grande confusione, ma bisogna decidere in fretta e non si possono commettere errori.

I porti sulla Manica e sul Mare del Nord sono preferibili in quanto molto più vicini a Parigi, ma anch'essi presentano un problema non trascurabile: sono sotto l'egemonia del re d'Inghilterra, che non oserà mai sfidare apertamente il papa; gli è troppo utile nella battaglia dinastica che sta conducendo contro la Scozia e non può rischiare di perderne l'appoggio.

I carri sono per strada, Parigi è ancora vicina e così pure i soldati di Filippo il Bello. Non resta che una possibilità: La Rochelle, il porto sull'Atlantico, una piazzaforte che i soldati non potranno attaccare, almeno non in tempi brevi.

Il porto di La Rochelle ha sempre rappresentato

un'anomalia. Apparentemente, infatti, non conduce da alcuna parte: è troppo a sud dell'Inghilterra e troppo a nord del Portogallo, entrambi Paesi connotati da una forte presenza templare, eppure non è mai stato una base secondaria. Tutt'altro.

La Rochelle è sede di una casa provinciale che ha sotto la sua autorità tutte le commende e i baliaggi di una vasta zona; da qui partono sette strade templari che coprono l'intera Francia. Ed è proprio una di queste che i dodici carri, nella notte fra il 12 e il 13 ottobre 1307, percorrono per raggiungere la salvezza.

Così, presumibilmente, dal porto di La Rochelle salpano diciotto navi templari; a bordo, un carico preziosissimo.

Dove si dirigono?

Probabilmente, non in una sola direzione: una delle condizioni base perché una fuga abbia buone possibilità di riuscita, infatti, è che i fuggiaschi si dividano.

È molto credibile che alcune navi raggiungano il Portogallo. Abbiamo visto che re Denis è pronto ad accogliere i cavalieri per farne l'importante nucleo dei suoi progetti espansionistici. I Templari si stabiliranno nella fortezza di Tomar e confluiranno nell'Ordine dei Cavalieri di Cristo, nel quale la loro vita proseguirà gloriosamente sotto il segno dell'ufficialità. Porteranno in dote al Paese ospitante quel bagaglio di conoscenze che renderà il Portogallo una grandissima potenza navale, e l'Occidente parlerà ancora molto delle loro gesta nei secoli a venire.

Ma che ne è delle casse con il tesoro? E che ne è degli altri clandestini?

La risposta a queste domande ci porta probabilmente in Scozia, lì dove i Templari potranno fare affidamento sull'appoggio di una famiglia, molto potente e da tempo loro amica, che abbiamo più volte incontrato nel corso della nostra storia: la famiglia Sinclair.

Qui, in questo Paese il cui re, Robert Bruce, è stato scomunicato dal papa, un Paese così lontano dall'influenza schiacciante della Chiesa e della monarchia francese, i cavalieri iniziano un glorioso viaggio che li condurrà molto lontano.

La battaglia di Bannockburn

Da molti secoli, dai tempi della caduta dell'Impero romano, la Scozia combatte una sfiancante battaglia contro l'Inghilterra per difendere la propria autonomia.

Da molti secoli la tensione non accenna a diminuire.

Nel 1306 Robert Bruce, un nobile che avanza diritti dinastici al trono, si incorona re del Paese dopo aver assassinato nella chiesa dei Frati Grigi il suo rivale, John Comyn, e averne gettato il cadavere sull'altare: per questo gesto sacrilego riceve la scomunica dal papa, una scomunica che viene estesa a tutto il Paese. L'assassinio del rivale non crea solo una frattura tra Robert e la Chiesa, ma anche un'ulteriore esasperazione nei rapporti con la Corona inglese, dal momento che John Comyn era il candidato appoggiato dal monarca d'Inghilterra.

Il nuovo re di Scozia dà quindi inizio al suo regno sotto il segno dello scontro: tecnicamente lui e la sua nazione sono fuorilegge.

Questa situazione di clandestinità giuridica internazionale rende la Scozia il rifugio ideale per i Templari, a loro volta dei fuorilegge.

Le navi salpate dal porto di La Rochelle che non raggiungono il Portogallo attraccano in Scozia?

Molto probabilmente sì.

E non è solo la situazione politica favorevole a fare della Scozia uno degli approdi più probabili dei Templari; il Paese offre un secondo vantaggio, che ha un nome ben preciso: Sinclair.

Abbiamo già incontrato la famiglia Sinclair, e proprio all'inizio della nostra storia: con questa famiglia, duecento anni prima dell'omicidio compiuto da Robert Bruce, si è imparentato, attraverso un matrimonio, il fondatore dei cavalieri del Tempio, Hugues de Payns. Si può presumere che i Templari, al momento di decidere dove dirigersi dopo la fuga, ne tengano conto; si può presumere che, braccati dai soldati di Filippo il Bello, pensino, approdando in Scozia, di potersi rivolgere alla famiglia Sinclair. Non solo: un ramo di questa famiglia vive da tempo in Francia e le relazioni fra i due rami dei Sinclair, quello francese e quello scozzese, sono molto solide. È quindi addirittura possibile che, in qualche modo, i Sinclair francesi e quelli scozzesi siano riusciti a coprire e a organizzare la fuga dei cavalieri dal Tempio di Parigi, nella notte fra il 12 e il 13 ottobre 1307.

In Scozia la residenza della famiglia Sinclair è nel villaggio di Roslin, a pochi chilometri da Edimburgo, abbastanza lontano dalla portata del re di Francia; un luogo certamente sicuro nel quale i Templari potrebbero trovare tregua. E proprio vicino a Roslin, sulla piccolissima isola di May, nel Firth of Forth, la profonda insenatura creata nella costa orientale scozzese dall'estuario del fiume Forth, secondo una tradizione massonica francese, sarebbero stati inizialmente trasferiti, a bordo di nove navi, i documenti e le ricchezze dei Templari.

Nove navi: la metà esatta delle diciotto salpate dal porto di La Rochelle.

Ma ci sono molti altri fatti che conducono la nostra storia in Scozia.

Tre mesi dopo la messa al rogo del Gran Maestro Jacques de Molay, nel giugno 1314, il re d'Inghilterra, Edoardo II, riprende la partita mai chiusa con Bruce e invade la Scozia.

La consistenza delle forze inglesi è notevolmente superiore: 2000 cavalieri pesanti, 15.000 fanti e 10.000 arcieri per l'esercito del re d'Inghilterra, contro 500 cavalieri leggeri, 6000 picchieri e 2000 uomini delle Highlands, la regione delle montagne, per l'esercito del re di Scozia.

Gli scozzesi, oltre che per numero, sono inferiori anche per la qualità dell'armamento.

Edoardo riunisce il suo esercito nel Northumberland, una regione ai confini con la Scozia; poi decide di effettuare una manovra per aggirare l'esercito scozzese sulla sinistra e raggiungere Stirling, una città a nordovest di Edimburgo, ma commette un errore: affida alla cavalleria un ruolo da protagonista, relegando arcieri e fanti a un ruolo secondario. La formazione scozzese è per sua stessa struttura impenetrabile all'assalto della cavalleria, mentre è molto vulnerabile al tiro degli arcieri. Robert Bruce, per prevenire le mosse del re rivale, ha schierato una divisione di circa 1500 uomini. La manovra inglese fallisce: i soldati di Edoardo vengono respinti.

È la sera del 23 giugno 1314.

Il re d'Inghilterra decide di attraversare il fiume Bannockburn per piantare l'accampamento, e così commette un secondo errore: attraversare il letto paludoso del fiume si rivela molto difficile e faticoso, e il suo esercito, già stremato, ne viene ulteriormente indebolito.

L'indomani i cavalieri inglesi provano di nuovo a caricare i picchieri scozzesi ma, a causa del terreno paludoso e del campo d'azione troppo ristretto, i cavalli non riescono ad accelerare e gli scozzesi, ancora una volta, non hanno alcuna difficoltà a respingere l'attacco.

A questo punto Edoardo II decide finalmente di far intervenire gli arcieri in supporto della cavalleria, ma la scarsa conoscenza del territorio gioca di nuovo contro di lui. Fa schierare gli arcieri in una posizione troppo scoperta. Bruce ordina alla sua cavalleria leggera di caricarli e i cavalieri scozzesi riescono facilmente a spazzarli via. Edoardo capisce che la battaglia è perduta e fugge in ritirata.

È il 24 giugno 1314, il giorno della festa di San Giovanni Battista.

Le forze di Bruce si gettano sull'esercito inglese in ritirata. In realtà il re di Scozia è contrario all'idea dell'inseguimento, perché ritiene che i soldati non siano abbastanza forti per affrontare una nuova battaglia, ma uno dei suoi cavalieri, Alexander Seton, sblocca ogni reticenza del sovrano dicendogli che gli inglesi si arrenderanno.

Come fa a esserne così sicuro?

Fatto sta che, in effetti, molti inglesi si arrendono mentre molti altri combattono e, al di là di ogni ragionevole pronostico, vengono sconfitti!

Più di uno storico, e fra essi Steven Sora, autore di *Il tesoro perduto dei Templari*, è pronto ad affermare che l'esercito scozzese, inferiore di numero e peggio armato, ottenga questa clamorosa vittoria grazie all'aiuto di un alleato occulto.

In molti fanno il nome dei Templari.

E se il misterioso alleato occulto fossero proprio quei cavalieri templari fuggiti dal porto di La Rochelle sette anni prima, uomini che, in fatto di guerra, ne sanno davvero moltissimo?

È il 24 giugno 1314, sono passati tre mesi dal rogo del Gran Maestro; e, soprattutto, è il giorno di San Giovanni Battista, il santo dei Templari.

Comunque sia stata ottenuta, la battaglia di Bannockburn conferisce a Robert Bruce, Roberto I, il riconoscimento come re di Scozia davanti al mondo e regala al suo Paese l'indipendenza ufficiale.

All'indomani della vittoria, molte famiglie scozzesi stringono alleanza fra loro e con Robert Bruce, e questo è un bene visto che, dopo l'Inghilterra, uno dei più grandi problemi della Scozia sta proprio nella divisione fra i clan, una divisione che tanti morti ha già provocato e tanti altri è destinata a provocare.

Ma i misteriosi alleati che rovesciano le sorti della battaglia di Bannockburn sono davvero i Templari?

Questo non possiamo saperlo con certezza, però sappiamo che, dopo il 1307, la fortuna e la ricchezza della famiglia Sinclair, quei signori di Roslin che ipoteticamente hanno favorito e coperto la fuga dei cavalieri, conoscono una crescita decisamente marcata.

Si tratta solo di una coincidenza?

È una coincidenza anche che secondo una tradizione massonica francese i documenti e le ricchezze dei

Templari sarebbero stati trasferiti, dopo la fuga dal Tempio di Parigi, a bordo di nove navi sull'isola di May, molto vicino a Roslin, la patria dei Sinclair?

Torniamo però a quello che ci racconta la storia: tre componenti della famiglia Sinclair combattono a Bannockburn. Uno di loro farà parte del gruppo che il 6 aprile 1320 firmerà ad Arbroath la Dichiarazione d'indipendenza scozzese. Un altro è quel sir William che qualche anno dopo morirà in Spagna in una carica contro i musulmani mentre è diretto a Gerusalemme, dove dovrebbe portare il cuore del defunto Robert Bruce.

Se i cavalieri templari sono davvero entrati al servizio del re di Scozia prima di Bannockburn, è molto probabile che sir William Sinclair sia il loro capo: la sua tomba, che si trova nella meravigliosa cappella di Rosslyn di cui parleremo fra poco, presenta le caratteristiche tipiche della sepoltura di un maestro del Tempio.

William Sinclair è un templare?

È perché è a tal punto potente che gli viene affidata la sepoltura del defunto re di Scozia?

È perché la sua missione è portare il cuore di Robert Bruce proprio a Gerusalemme, la Città Santa?

Qualunque sia la risposta a tutte queste domande, il ruolo giocato dai Sinclair nella vittoria di Bannockburn è sicuramente decisivo: prova tangibile ne sono le tante terre che essi ricevono dal re come ricompensa per i servigi prestati.

L'ascesa di questa famiglia non si deve soltanto al valore dimostrato in battaglia, ma anche al modo in cui, in seguito, essa contribuirà a difendere l'indipendenza del regno.

La causa dell'indipendenza scozzese diventerà la causa della famiglia Sinclair.

Tre Sinclair saranno nominati alti ammiragli di Scozia e supervisioneranno la costruzione di carri d'artiglieria e navi corazzate. Presto la famiglia avrà una flotta veloce e potente al suo servizio.

Che sia anche questo un indizio della loro vicinanza ai Templari?

E se la flotta e le onorificenze non fossero altro che la prova del fatto che i Templari, fuggiti dal Tempio di Parigi la notte fra il 12 e il 13 ottobre 1307 con il loro carico di reliquie e l'archivio segreto dell'Ordine, abbiano condiviso conoscenze, potere e ricchezze con la famiglia che ha contribuito alla loro salvezza?

I signori di Roslin

Non esiste un solo ramo della famiglia Sinclair; finora ne abbiamo incontrati due: quello scozzese, direttamente coinvolto nella nostra vicenda, e quello francese, coinvolto marginalmente ma non per questo meno importante, che scrive la parte del nome che definisce la discendenza paterna, il patronimico, in modo lievemente diverso, St Clair.

Entrambi i rami hanno origini molto remote, con radici nordiche: l'iniziatore della stirpe è infatti Rogenwald, conte di Møre e Romsdal, in Norvegia. Quindi esiste anche un terzo ramo della famiglia, il più antico: quello norvegese.

La patria dei Sinclair scozzesi è Roslin.

L'apice del grande potere della famiglia viene raggiunto con il conte Henry Sinclair, che nasce nel 1344, trent'anni dopo la battaglia di Bannockburn. Henry è un uomo molto influente a corte; riveste diverse cariche pubbliche, diventa presidente della corte di Scozia ed è il primo dei complessivi tre componenti della famiglia a cui viene assegnato il titolo di grande ammiraglio.

Nel 1379, a trentacinque anni, Henry Sinclair diventa conte delle Orcadi e delle Shetland, un territorio composto da centosettanta isole, di cui solo cinquanta abitate; un territorio che costituisce un rifugio ideale per pirati e contrabbandieri e che, pertanto, non è facile da gestire. Prima di riuscire ad assicurarsi le Orcadi e le Shetland, il conte deve quindi rinforzare la sua flotta, composta da tredici navi, che lo renderà in breve tempo molto prezioso per la Corona scozzese e determinante per il destino dei Templari.

Proprio nei suoi domini delle Orcadi, fra qualche anno Henry farà un incontro che risulterà decisivo per la sua vita, un incontro che lo porterà molto lontano, ben al di là del mondo conosciuto.

Ma prima di imbarcarci insieme al conte in questa straordinaria avventura, torniamo nella base scozzese della famiglia, a Roslin, per conoscere il nipote di Henry Sinclair, William.

La cappella di Rosslyn

Il 21 settembre 1446, nel giorno di San Matteo, il conte William Sinclair dà inizio alla costruzione di una delle chiese più misteriose dell'Europa del Nord: Rosslyn; forse la vera prova, e sicuramente la più bella, che l'avventura dei Templari non si sia chiusa con il rogo dell'ultimo Gran Maestro.

È lo stesso William, che nella chiesa è sepolto insieme al nonno Henry, a curare il progetto dell'edificio e questa è una cosa piuttosto insolita per una persona del suo rango: si tratta evidentemente di un progetto molto importante.

Cinque anni prima, nel 1441, re Giacomo II ha nominato la famiglia Sinclair protettrice dei liberi muratori e ha reso questo titolo ereditario.

Dobbiamo leggere in questa nomina l'ufficializzazione di qualcosa che è già in atto da più di un secolo e cioè la tutela dei Templari sotto l'ampia ala protettrice della nobile famiglia scozzese?

I cavalieri del Tempio sono stati riconvertiti, dopo la soppressione del loro Ordine, nella gilda dei liberi muratori e hanno così avuto modo di continuare le loro attività presso i Sinclair?

Se le cose stessero realmente così, non ci sarebbe davvero nulla di strano: come sappiamo, i Templari sono sempre stati degli eccellenti costruttori.

È grazie alla supervisione di questa manodopera altamente specializzata che William Sinclair può costruire Rosslyn, un santuario ricco di simbolismo egizio, babilonese, celtico, scandinavo, ebraico, cristiano, templare e massonico?

Certamente le decorazioni che riempiono l'edificio sono davvero troppe per una semplice cappella di famiglia e piuttosto insolite per una chiesa cristiana...

Ricordo che nel marzo 2006, quando sono entrato a Rosslyn con la troupe di *Voyager*, il parroco, per evitare i numerosi turisti che di giorno affollano questo luogo, ci ha consentito di fare le riprese dopo l'orario di chiusura al pubblico lasciandoci le chiavi. Che responsabilità. Per non turbare l'atmosfera, che noi abbiamo immediatamente percepito con estrema forza, abbiamo deciso di non usare la luce artificiale ma il bagliore di cento candele: così abbiamo potuto cogliere con maggiore intensità tutte le suggestioni di questo luogo magico, colmo di immagini e di simboli.

Il soffitto di Rosslyn è ricoperto da riproduzioni di stelle, gigli e rose: le stelle e le rose appartengono tradizionalmente alla decorazione dei templi dedicati alla dea babilonese Ishtar e a suo figlio Tammuz, il dio che risorge; i gigli sembra invece fossero scolpiti sopra le due colonne di Boaz e Jachim, nel Tempio di re Salomone a Gerusalemme, quel tempio che abbiamo visto ospitare i primi Templari in Terra Santa.

E proprio sul disegno della pianta del Tempio di Salomone questa chiesa, questa meraviglia dell'arte medievale, è stata costruita.

Se davvero, come abbiamo ipotizzato, la cappella di Rosslyn è stata edificata grazie al denaro e alle conoscenze dei Templari sopravvissuti alla persecuzione di Filippo il Bello, dobbiamo interpretare questa sovrapposizione fra i due edifici come un intento dichiarato dei cavalieri di rinascere?

Di rinascere così come sono nati la prima volta, ormai più di due secoli fa?

E della stessa metafora si farebbero testimoni le stelle e le rose scolpite sul soffitto e il loro richiamo a Tammuz, il dio che rinasce a nuova vita?

Stiamo per scoprire come questo gioco delle affinità non sia poi così ardito... E lo scopriremo continuando a visitare la cappella di Rosslyn.

Risalendo dalla cripta, ci troviamo davanti alla "Colonna del Maestro" che si erge di fianco alla complementare "Colonna dell'Apprendista". Quest'ultima opera architettonica è una raffinata raffigurazione dell'Albero della Vita della tradizione biblica, l'albero posto nel giardino dell'Eden insieme all'Albero della Conoscenza del Bene e del Male. La decorazione è integrata da alcuni riferimenti pagani, primi fra tutti i draghi sulla base; proprio dalle fauci di questi animali fuoriescono le viti rampicanti che si estendono a spirale per tutta la lunghezza della colonna.

Una strana leggenda ruota intorno a questa bellissima opera architettonica: si racconta che sia lo stesso William Sinclair a disegnarne il progetto, la cui complessità spinge il maestro di Rosslyn ad andare a Roma per approfondire i suoi studi e per essere in grado di realizzarlo degnamente; si racconta che, mentre lui è lontano, uno dei ragazzi di bottega, dopo aver ricevuto in sogno delle istruzioni, decida di propria iniziativa di eseguire il lavoro. La colonna da lui realizzata, che tutti possiamo ancora oggi ammirare, è talmente bella che quando il maestro torna da Roma, sopraffatto dall'invidia, uccide il suo allievo.

Questa storia, che probabilmente è solo una leggenda, ricorda la leggenda massonica della morte di Hiram Abiff, l'architetto del Tempio di Salomone ucciso da tre compagni perché negava loro l'avanzamento al grado di maestro.

E così, ancora una volta, torniamo al Tempio di Salomone.

E non è finita: la colonna dell'Apprendista e la colonna del Maestro corrisponderebbero alle due colonne portanti dell'antico Tempio di Salomone e, per l'esattezza, la prima richiamerebbe la colonna di Boaz, la seconda la quella di Jachim.

A persuaderci che non si tratta di un caso è l'insistenza di tali richiami, quasi a voler rimarcare un messaggio che non deve assolutamente andare perso: all'interno di Rosslyn sono incisi venti piccoli templi di Salomone. E ci sono numerose croci templari e l'altorilievo di un cavaliere in armatura e lancia. Il cavaliere non è solo sul suo cavallo; in sella, dietro a lui, è rappresentato un angelo con la croce della Chiesa militante: bene, l'iconografia tradizionale raffigura i Templari a cavallo insieme a un povero o un pellegrino. L'immagine richiama qualcosa che ha fondamento nella realtà: i cavalieri, in battaglia, spesso sono insieme a un compagno, un arciere o uno scudiero. E nelle sue opere un cronista della storia medievale del XIII secolo, il monaco benedettino Matthew Paris, raffigura proprio due cavalieri templari in sella a un solo destriero dietro il vessillo bianco e nero: l'immagine compare anche nelle monete dell'Ordine e quindi si può considerare stereotipata e di immediata comprensione.

Un'ulteriore prova del legame esistente fra i Templari e i Sinclair?

Diciannove membri della nobile famiglia scozzese sono sepolti sotto la cappella, senza bara e ricoperti della loro armatura. E nei sotterranei di Rosslyn si apre una rete di gallerie, scalinate e sale segrete per entrare nelle quali è necessario calarsi in un pozzo e attraversare un cunicolo. Si tratta di un'opera di ingegneria simile a quelle create duemila anni prima per il Tempio di Salomone a Gerusalemme, strutturata secondo lo stesso schema che sarà adottato, su più vasta scala, in Nuova Scozia, una delle province marittime del Canada... Su quest'ultimo dato torneremo.

A cosa servono tante gallerie?

Se la nostra ricostruzione è corretta, la famiglia Sinclair possiede certamente qualcosa di molto prezioso da proteggere; forse il tesoro che i Templari in fuga dal Tempio di Parigi, approdati in Scozia, hanno dapprima nascosto sull'isola di May.

Rosslyn è stata costruita per custodire questo e molti altri segreti?

Alcuni studiosi sono pronti ad affermare che parte del tesoro dei Templari sia nascosta nella Colonna dell'Apprendista; addirittura parlano del Santo Graal, la coppa usata da Gesù durante l'Ultima Cena e successivamente utilizzata per raccogliere il suo sangue; una delle reliquie più importanti del mondo cristiano. Questo spiegherebbe la realizzazione quasi di nascosto della colonna da parte dell'apprendista mentre il maestro era lontano da Rosslyn. Inoltre, una superficiale verifica fatta con un metal detector pochi anni fa ha rivelato la presenza nel cuore centrale della colonna di una massa metallica. Possono essere considerati indizi sufficienti per dire che la colonna contiene qualcosa?

Moltissime sono le leggende legate a questa zona che raccontano di mappe e nascondigli; nel nostro viaggio a Rosslyn ne abbiamo trovata una, in una libreria di Temple, un paese molto vicino a Roslin, che recita così: "Il tesoro è sepolto fra l'olmo e la quercia". Ci siamo recati a Temple e del vecchio paese sono rimaste poche case e due chiese. Una, ridotta a uno scheletro in muratura, si trova al centro di un cimitero pieno di tombe templari e massoniche. In due giorni di riprese nessuno è passato di lì, e guardandoci intorno ci ritrovavamo circondati da olmi e querce secolari!

Tutto sembrerebbe davvero dare forza a questa ipotesi che, da Gerusalemme, condurrebbe i Templari e il loro tesoro a Parigi e poi, dopo l'arresto per opera dei soldati di Filippo il Bello, in Scozia.

Purtroppo non è possibile ricostruire con esattezza la storia dei Sinclair e della loro affascinante e misteriosa cappella: nel 1447 parte del castello della famiglia, a Roslin, brucia in un incendio con molti documenti dei Sinclair; il cappellano riesce a mettere in salvo solo quattro grandi bauli. E l'incendio è solo il primo di svariati incidenti avvenuti per terra e per mare che causeranno la perdita dei documenti di famiglia: atti e manoscritti saranno distrutti dai naufragi, dagli eserciti inglesi e dalla furia e dai saccheggi della Riforma protestante del XVI secolo, oscurando la storia di Rosslyn e di chi l'ha costruita e relegando noi nel campo senza certezze delle congetture.

Dopo la morte di William, sarà il figlio Oliver a proseguire i lavori di completamento della cappella.

Con l'avvento di John Knox, il teologo scozzese che porterà anche in queste terre la Riforma protestante, iniziata in Germania con Martin Lutero, assisteremo al progressivo abbandono e al decadimento di Rosslyn. Nel 1592 la cappella sarà devastata dalle rivolte popolari; nel 1688 gli iconoclasti la deturperanno e molti manoscritti della famiglia Sinclair, noti sostenitori della causa cattolica, andranno per sempre persi.

Così, gradualmente, Rosslyn sarà abbandonata alla forza soverchiante della natura; lo stesso declino toccherà ai suoi padri, i Sinclair.

Ma perché questo avvenga dovranno passare ancora molti anni.

Dobbiamo tornare alla parte di storia che interessa il nostro racconto, allo splendore dei Sinclair, perché dobbiamo ancora sottolineare due dettagli che ci ricondurranno al conte Henry.

Quando sir William Sinclair decide di costruire la sua cappella, importa manodopera specializzata, degli scalpellini: con tutta probabilità, come già abbiamo detto, questi scalpellini sono Templari sotto la sua protezione. Ma per alcuni anni questi uomini non lavorano alla costruzione della cappella: perché?

Cosa stanno facendo?

Tra le tante sculture che sono nella cappella di Rosslyn troviamo la raffigurazione della pianta del mais e dell'aloe, sconosciute in Europa prima della scoperta dell'America: eppure queste piante sono state scolpite nella cappella cinquant'anni prima che Colombo raggiungesse le Americhe...

Com'è possibile?

Per trovare delle risposte dobbiamo tornare nelle Orcadi e assistere all'incontro che cambierà la vita di Henry Sinclair.

Un Nuovo Mondo

Henry Sinclair sa che esistono delle terre al di là del mare, lo sa perché ne parlano i pescatori e i naviganti del Nord Europa, lo sa perché queste terre sono descritte da molti racconti, racconti che tramandano le straordinarie imprese compiute nell'anno Mille da Erik il Rosso, l'esploratore norvegese che ha affrontato il Mare del Nord e il Baltico a bordo di imbarcazioni snelle e leggere, il primo europeo a toccare il suolo della Groenlandia, l'isola di ghiaccio fra l'Islanda e il Canada.

Henry Sinclair sa che esistono delle terre al di là del mare perché le saghe nordiche narrano di Helluland, la "Terra delle Pietre Piatte", che corrisponde alla parte meridionale dell'isola di Baffin, in Canada; di Markland, che probabilmente è la costa orientale del Labrador; e di Vinland, l'odierna Terranova, un luogo più ospitale degli altri e ricco di viti selvatiche. Qui la durata del giorno non è così diversa da quella della notte e, grazie alla presenza di tali condizioni favorevoli, vengono fondate prosperose colonie vichinghe che mantengono i contatti con la madrepatria, quindi una relazione fra l'Europa e le nuove terre al di là del mare.

L'America, il continente che secondo la storia ufficiale sarà scoperto dagli europei soltanto nel 1492, esiste da tempo nell'immaginario dei contemporanei di Henry Sinclair: è una terra indistinta, delineata da una serie di approdi individuali, casuali o volontari, incontrata negli errori di rotta e nei naufragi, una terra descritta da miti e leggende antichissimi.

Ci sono degli indizi, disseminati nella storia dell'uomo, che a questi luoghi riportano.

Nelle fasce delle mummie dei faraoni egiziani gli studiosi hanno rinvenuto tracce di droga e tabacco, piante presenti solo nel Nuovo Mondo: anche l'Antico Egitto sapeva dell'esistenza di una terra lontana, presente nei miti fenici, greci e romani?

I testi cinesi raccontano le imprese di Shan Hai

Ching T'Sang-Chu e Shan Hai Jing, i quali, mandati in missione dall'imperatore Huang Ti, avrebbero raggiunto le coste americane passando lo stretto di Bering già nel 2640 a.C.

Le leggende indù tramandano viaggi verso il Messico, che sarebbero stati compiuti tra l'800 e il 400 a.C.

I racconti sul Nuovo Mondo non provengono quindi da una voce isolata e ai tempi di Henry Sinclair già molti uomini hanno affrontato il mare per dirigervisi.

Fra questi ci sono i pescatori baschi, una comunità spagnola resa ricca dal commercio del merluzzo, un pesce molto richiesto per le sue caratteristiche che lo rendono uno degli alimenti base nell'alimentazione di numerose popolazioni. Ricco di proteine e povero di grassi, il merluzzo si presta all'essiccazione all'aperto e quindi alla conservazione nei mesi invernali. Com'è facilmente comprensibile, i baschi hanno sempre tentato in ogni modo di mantenere segreta la rotta che li portava verso i branchi di merluzzi, la cui conoscenza conferiva loro un grande potere economico, ma oggi noi sappiamo che la regione per eccellenza del prezioso pesce è l'isola canadese di Terranova.

Henry Sinclair sa che esistono delle terre al di là del mare e, probabilmente, prima di lui lo sanno i Templari.

All'inizio della nostra storia ci siamo posti una domanda alla quale ora possiamo dare una risposta; e quella risposta è: l'America.

Da dove viene l'argento, quel metallo molto raro in Europa, utilizzato dall'Ordine del Tempio per la costruzione delle cattedrali gotiche e delle chiese fiorite durante gli anni della sua gloria?

E ancora: perché è stato costruito un porto così complesso e attrezzato a La Rochelle, in una posizione geografica scomoda, come abbiamo già segnalato, per gli abituali itinerari battuti dal Tempio verso la Terra Santa?

E perché nel timpano centrale della basilica di La Madeleine, la chiesa templare di Vézelay, in Borgogna, risalente alla metà del XII secolo, nella raffigurazione dei popoli della Terra che attorniano Gesù Cristo vediamo anche un uomo vestito di piume che indossa un elmo vichingo, una donna a torso nudo vestita solo di una lunga gonna e un bambino?

Perché tutti e tre questi individui sono rappresentati con orecchie smisurate, molto simili a quelle degli antichi popoli inca?

E perché lo scultore di Vézelay, un uomo vissuto nell'Europa del XII secolo, pone sulla testa del presunto indigeno un elmo vichingo?

Conosceva forse la relazione che univa i popoli nordici e l'America?

Ma non è finita.

Nel 1307 i soldati di Filippo il Bello, facendo irruzione nel Tempio di Parigi, trovano alcuni sigilli dell'Ordine: su uno di questi, apposto su un documento in cui un dignitario sconosciuto dà indicazioni al Gran Maestro, si legge l'iscrizione *Secretum Templi*, "Segreto del Tempio". Al centro si riconosce un personaggio che ha tutte le caratteristiche di un amerindio: vestito con un semplice perizoma, porta un copricapo di piume e nella mano destra tiene un arco; a sinistra, sopra l'arco, si vede una svastica dai bracci ricurvi, la cui forma è esattamente quella predominante in Scandinavia all'epoca dei Vichinghi, e a destra, alla stessa altezza, si può distinguere una lettera dell'alfabeto runico, un antico alfabeto usato dalle popolazioni del Nord Europa. Anche il misterioso sigillo del Tempio sembrerebbe quindi richiamare alla connessione fra Vichinghi e America, una connessione che era evidentemente ben chiara ai Templari.

Il sigillo *Secretum Templi* è la prova che l'Ordine del Tempio sapeva dell'esistenza dell'America?

Il porto sull'Atlantico di La Rochelle è stato costruito per i viaggi verso l'America?

L'argento usato per le grandi cattedrali gotiche viene dall'America?

E se, come sembrerebbe, la risposta a tutte queste domande fosse "sì", dobbiamo chiederci a questo punto dove e quando i Templari abbiano appreso dell'esistenza del Nuovo Mondo?

Ce lo dirà un poeta islandese del XIII secolo, Snorri Sturluson.

Nel XIII secolo i norvegesi invadono l'Islanda, che perde così l'indipendenza politica e culturale: in questo periodo buio della storia dell'isola, numerose saghe si incaricano di tramandare la memoria della precedente epoca di pace e concordia; la più famosa di tali saghe è l'*Edda* di Snorri Sturluson.

Proprio questo poeta, eletto capo di tutte le tribù islandesi che, una volta all'anno, si radunano confluendo dalle quattro regioni dell'isola, è il protagonista di una vicenda molto strana: gli storici attestano che Snorri Sturluson si sarebbe recato nell'Althing, il parlamento nazionale islandese, durante una riunione tenutasi nell'estate del 1217, con una scorta militare formata da ottanta uomini armati di scudo e corazza, definiti semplicemente come "provenienti dal Sud", tutti stranamente vestiti in ugual modo, con una croce rossa sul petto.

Si tratta di un'assoluta anomalia nella storia islandese, perché le prime truppe militari con divisa da esercito regolare compariranno in Islanda solo nel XVII secolo al seguito di una spedizione del re di Danimarca.

Gli ottanta uomini misteriosi provenienti dal Sud erano cavalieri templari?

I Templari avrebbero appreso proprio in questa occasione, in Islanda, dell'esistenza del Nuovo Mondo?

Secondo quanto afferma Giancarlo Gianazza nel suo libro *I custodi del messaggio*, il legame fra i Templari e l'Islanda sarebbe decisamente solido e i cavalieri sarebbero addirittura arrivati a nascondere nell'isola una parte del loro tesoro: l'avrebbero nascosta nel luogo descritto da Dante nella sua *Commedia* come la "candida Rosa dei Beati", un anfiteatro naturale in suolo islandese, in corrispondenza di una particolare pietra che rimanderebbe al "trono di Beatrice". Per dimostrare la sua teoria, Giancarlo Gianazza ha iniziato a condurre ricerche in questa zona e, nel costone alle spalle della pietra che sarebbe il trono di Beatrice, ha individuato un vano, una stanza che misura cinque metri di lato!

Se i Templari hanno davvero appreso in Islanda dell'esistenza del Nuovo Mondo, attraverso i racconti delle saghe nordiche, dei pescatori e dei naviganti, è del tutto verosimile che abbiano trasmesso tale conoscenza al loro protettore scozzese, il conte Henry Sinclair; ed è del tutto verosimile che, in un momento così complesso della loro storia, abbiano esercitato pressioni affinché lui andasse a visitare di persona queste terre.

Henry Sinclair, un uomo pronto alle grandi imprese e molto sapiente, sta per coronare il sogno dei suoi protetti e sta per intraprendere uno straordinario viaggio per mare, un viaggio che condividerà con un italiano: Nicolò Zeno.

Nel 1390 Nicolò è a Venezia. La città è da secoli uno dei principali porti di scambio tra Occidente e Oriente, ma il suo potere sta per avviarsi a un lento e inesorabile declino a causa della crescita dell'influenza dell'Impero ottomano: le flotte islamiche stanno infatti per strapparle definitivamente il primato dei commerci con il Vicino Oriente. All'epoca di Nicolò Zeno, Venezia si trova pertanto costretta a trovare delle alternative e tenta di espandere i propri commerci, dal mercato tessile delle Fiandre fino al florido mercato di pesce salato, pellicce, legname e resina del Mare del Nord.

Al fine di trovare nuovi sbocchi commerciali per la sua città, nel 1390 Nicolò Zeno lascia la laguna e parte per un viaggio esplorativo verso le regioni settentrionali dell'Europa. Il viaggio è interrotto dal naufragio sull'isola di Fair, tra le Orcadi e le Shetland. L'equipaggio di Zeno viene attaccato dagli isolani e andrebbe incontro a una morte certa se non intervenisse in suo soccorso il conte Henry Sinclair, il quale, con un drappello di soldati, disperde gli isolani: grazie a lui, Nicolò e i suoi marinai vengono risparmiati.

Così, i destini dei due uomini si incrociano.

Henry Sinclair e Nicolò Zeno hanno molte cose in comune: entrambi sono nobili e considerano il mare un mezzo per mantenere il proprio potere e la propria ricchezza; Nicolò è un elettore del doge, il magistrato che governa Venezia, mentre Henry è elettore del Consiglio di Scandinavia; le famiglie di entrambi vantano una tradizione militare e hanno partecipato alle Crociate.

I due però stanno per condividere qualcosa che rinsalderà ulteriormente il loro legame.

Sinclair mette a disposizione di Zeno terre e navi e lo copre di ricchezze in cambio della sua maestria nell'arte della navigazione: ha in mente un piano ben preciso, un piano che forse coltiva da anni e che ora sta finalmente per realizzarsi. Nicolò, presto raggiunto dal fratello Antonio, comincia a fare delle missioni esplorative in Islanda e in Groenlandia; non dimentica comunque lo scopo originario del viaggio e invia a Venezia informazioni sulle proprie scoperte. Proprio grazie a tali resoconti, noi conosciamo oggi le sue imprese.

Nella mente del conte Henry Sinclair riecheggiano i racconti dei territori verso ponente, terre verdi, mari ricchi di pesce e, soprattutto, porti sicuri, lontani dalle rivalità fra re e fra clan e al sicuro dall'ingerenza della Chiesa. Ora che può contare sulla grande esperienza nautica dei fratelli Zeno, Henry Sinclair è pronto ad allestire una flotta e a salpare per il Nuovo Mondo.

La Terra Promessa

Il grande momento è giunto.

Nel 1398 dodici navi della flotta Sinclair lasciano le Orcadi. Antonio Zeno ne è ammiraglio e navigatore. Henry Sinclair porta con sé ferro e armi.

La spedizione raggiunge la Nuova Scozia, nel Sudest del Canada, e stabilisce un presidio a New Poss, a trenta chilometri da Oak Island; lascia segni del proprio passaggio anche a Westford e Fall River in Massachusetts, a Lake Memphremagog in Vermont e nella baia di Newport, a Rhode Island. Una mappa di queste terre viene inviata a Venezia da Antonio Zeno e rappresenta una prova tangibile dell'effettivo percorso seguito.

Sappiamo che nel Nuovo Mondo Henry Sinclair raccoglie legname, catrame di pino e fibra per corde. Perché?

È evidente che il suo non è un semplice viaggio esplorativo. La reale intenzione del conte è quella di fondare una colonia, una colonia che possa costituire un rifugio per tutti i perseguitati dalla Chiesa e dagli Stati dominanti, un luogo nel quale il libero pensiero possa diventare realtà.

Un luogo, forse, che possa accogliere il tesoro del quale lui è stato reso depositario: il tesoro dei Templari.

A un certo punto del viaggio parte dell'equipaggio e quasi tutte le navi tornano in Europa insieme ad Antonio Zeno, il quale, dopo mille avventure, può finalmente coronare il sogno di rientrare in patria, un sogno della cui effettiva realizzazione non sappiamo nulla perché le tracce del capitano si perderanno poco dopo il suo abbandono delle Orcadi.

Henry, che ha tenuto con sé la maggior parte degli uomini, il carico e le scialuppe a remi, trascorre l'inverno in Nuova Scozia, esplorando anche le regioni interne, e lascia una serie di tracce riscontrabili ancora oggi, come le rovine di un rifugio vicino a Oak Island. Raggiunge poi il Massachusetts, come prova la statua di un cavaliere in armatura sul cui cimiero e stemma araldico sono riconoscibili gli emblemi di sir James Gunn, luogotenente in capo di Sinclair a Caithness, nelle Highlands scozzesi.

Il conte procede quindi verso Rhode Island, al largo della quale verranno ritrovati due cannoni, fra i primi a essere usati sulle navi e introdotti nell'armamento di bordo proprio da Carlo Zeno, un altro fratello di Nicolò, per salvare Venezia durante le battaglie navali. Arriva a Newport, dove costruisce una roccaforte con faro, poi ritrovata e denominata "villa normanna" da Giovanni da Verrazzano, il primo esploratore europeo, secondo la storia ufficiale, a raggiungere queste coste.

Tali tracce ci offrono una testimonianza abbastanza precisa dell'itinerario seguito da Henry Sinclair nel suo viaggio esplorativo attraverso il Nuovo Mondo, ma purtroppo non abbiamo altre informazioni. Quello che sappiamo è che, a un certo punto, dopo aver fondato la sua colonia, anche il conte farà ritorno in patria.

Due biografi ci descrivono la fine di Henry Sinclair: padre Hay sostiene che il conte faccia ritorno nelle Orcadi nel 1400 per morire poco dopo nel castello fortificato di Kirkwall mentre difende il proprio territorio contro l'attacco degli inglesi, che nel frattempo hanno invaso di nuovo la Scozia; il cronista Raphael Holinshead gli attribuisce la medesima sorte, ma la data quattro anni dopo, nel 1404.

Con la morte del conte svanisce il sogno di una rete commerciale lungo l'Atlantico, e il ricordo della grande avventura oltremare del signore di Roslin sbiadisce, lasciando poche tracce. Henry fa comunque in tempo a trasmettere quello che ha visto del Nuovo Mondo ai propri familiari.

La gloria dei Sinclair non muore con lui.

Il figlio di Henry, suo omonimo, riceve il prestigioso compito di difendere il figlio di re Roberto III e Annabella Drummond, Giacomo, l'erede al trono, e di condurlo in salvo in Francia via mare: entrambi sono catturati e in seguito rilasciati solo dietro il pagamento di un ingente riscatto. Anche grazie al conte Henry II questo bambino si salva e diventa re, il 2 maggio 1424, con il nome di Giacomo I. Il suo atteggiamento è da subito molto fermo e mirante a ristabilire nel Paese autorità e controllo.

Nel 1428 Giacomo convoca i capi di quaranta clan, ne arresta parecchi e ne fa giustiziare tre. Poi arriva a fare qualcosa di ancora più ardito: nega l'autorità del papa sulla Scozia dichiarandolo corrotto.

Tali azioni risolute gli procurano parecchi nemici e il 21 febbraio 1437 viene assassinato nel monastero dei Domenicani di Perth da un gruppo di scozzesi ribelli, guidati da sir Robert Graham.

Nello stesso anno il nipote del grande Henry Sinclair, William, il costruttore della cappella di Rosslyn, è nominato ammiraglio.

La Scozia sta attraversando un momento molto difficile: sul Paese regna un re bambino e il reggente viene coinvolto nelle sempre più numerose e disastrose lotte intestine. L'invasione dell'esercito inglese raggiunge Edimburgo; le ostilità si concentrano intorno alla città di Stirling e intorno a Roslin, il centro del potere dei Sinclair.

È molto probabile che in una situazione così complessa, quando la lotta su due fronti, contro la Corona inglese e contro i clan ribelli, diventa insostenibile, William Sinclair cominci a maturare un disegno: andare in America per vedere le terre scoperte da suo nonno.

Il percorso gli è noto e l'impresa non è poi così ardua: se le condizioni meteorologiche sono favorevoli, il viaggio dalla Scozia alla Nuova Scozia si può compiere infatti in tre settimane. Se davvero William ha costruito la cappella di Rosslyn, le sue gallerie e le sue stanze segrete per nascondere il tesoro dei Templari, in questo momento storico così complesso gli deve certamente apparire molto chiaro che la Scozia non è più un luogo sicuro. Forse il nuovo conte di Roslin comincia davvero a pensare di costruire un nascondiglio per il tesoro in Nuova Scozia, e forse in questo modo possiamo spiegarci gli anni di inattività degli operai chiamati per edificare la cappella di Rosslyn.

È ipotizzabile che tra il 1437, l'anno in cui William viene nominato ammiraglio, e il 1441, l'anno in cui inizia la costruzione della cappella, le navi dei Sinclair vadano in Nuova Scozia cariche di minatori, per fondare un insediamento vicino a Oak Island e cominciare i lavori di scavo per nascondere il tesoro.

Questa è la tesi dello storico Steven Sora, convinto che proprio in questi anni il tesoro dei Templari faccia vela verso il Nuovo Mondo.

E se le piante di mais e aloe intagliate nella pietra della cappella di Rosslyn rappresentassero un duplice indizio?

L'indizio del fatto che i Sinclair hanno raggiunto l'America e che proprio in quella terra vada cercato il tesoro?

Così il grande sogno di Henry Sinclair continuerebbe a vivere ben oltre la sua morte, e non solo nelle gesta dei suoi discendenti ma forse anche, sorprendentemente, nei progetti di un uomo a noi molto noto: Cristoforo Colombo.

Se in effetti l'America non è stata "scoperta" dal navigatore genovese, come sembrerebbe da quanto abbiamo raccontato finora, dobbiamo chiederci se Colombo sia a conoscenza delle gesta dei suoi illustri predecessori, se in qualche modo arrivi ad avere notizia dei viaggi di Henry Sinclair.

Dobbiamo chiederci se il 3 agosto 1492, quando salpa dal porto spagnolo di Palos de la Frontera, Cristoforo Colombo sa dove sta andando.

Uno strano legame

La storia è fatta di momenti eclatanti, che vengono fissati in date da tramandare nella memoria, e da lunghi periodi silenziosi che preparano quei momenti.

La storia di Cristoforo Colombo è senza dubbio una storia eclatante e il suo nome è stato consegnato all'immortalità grazie a una straordinaria impresa: lui, un navigatore genovese al servizio della monarchia spagnola, mentre tenta di raggiungere le Indie attraversando l'Atlantico, il 12 ottobre 1492 approda su terre fino ad allora sconosciute che ritiene essere l'Asia; si tratta invece di un nuovo continente al quale più tardi, in onore del primo uomo che ne avrà la certezza, Amerigo Vespucci, sarà dato il nome di America.

Un nuovo continente che influenzerà notevolmente il corso dei secoli a venire.

Questo è quanto ci racconta la storiografia ufficiale: ma è andata davvero così?

Molti indizi sembrerebbero raccontare una storia diversa. A cominciare da quanto abbiamo narrato nelle pagine precedenti: se l'America è stata raggiunta da numerosi popoli in epoche diverse, se i Vichinghi e il conte Henry Sinclair vi hanno addirittura fondato delle colonie, è possibile che un navigatore esperto come Colombo, che tanto ha viaggiato prima di compiere l'impresa che lo renderà celebre, non sappia nulla di questi approdi?

Eppure in svariate occasioni, durante la sua vita, il navigatore genovese si è trovato in contatto con luoghi e persone che di quegli approdi avrebbero potuto raccontargli...

Degli anni giovanili di Cristoforo Colombo, nato nel 1451, non sappiamo granché. Certamente egli comincia da giovanissimo ad andare per mare: lui stesso afferma, in una lettera, di aver iniziato a navigare già all'età di quattordici anni.

Nel 1470 la sua famiglia si trasferisce a Savona, città nella quale il padre ha rilevato la gestione di una taverna. Dopo aver prestato servizio presso il re di Napoli, Renato d'Angiò, nel 1473 Colombo inizia l'apprendistato come agente commerciale per i traffici di merci gestiti dalle famiglie Centurione, Di Negro e Spinola.

Nel 1474 è a Chio, in Grecia; poi in Portogallo. Nel 1476 è a Bristol; poi a Galway, in Irlanda; e nel 1477, verosimilmente, raggiunge l'Islanda.

E questa è una prima occasione nella quale potrebbe aver sentito parlare dei viaggi nel Nuovo Mondo, in quella stessa Islanda dove forse anche i Templari, prima di lui, hanno appreso dell'esistenza di grandi terre al di là del mare.

Ma nella vita del navigatore genovese sta per presentarsi un'occasione ben più importante.

Nel 1479 Colombo si trasferisce a Lisbona, il centro delle grandi esplorazioni geografiche del XV secolo e patria dei Cavalieri di Cristo, gli eredi portoghesi dei Templari.

Qui continua a commerciare per la famiglia Centurione e proprio qui la sua vita si intreccia, in qualche modo, con quella di Henry Sinclair.

Sappiamo che Henry, il conte dei viaggi nel Nuovo Mondo, ha avuto almeno cinque figli da Janet Halyburton. Fra questi c'è Elisabeth, che sposerà, in una data imprecisata tra il 1380 e il 1390, sir John Drummond di Stobhall, il rampollo di una delle famiglie più ricche e potenti di Scozia. Abbiamo già incontrato la famiglia Drummond: Annabella Drummond ha sposato re Roberto III e da loro è nato Giacomo I.

Nel 1396 Henry Sinclair sta progettando il viaggio al di là della Groenlandia che compirà di lì a due anni ed Elisabeth, sua figlia, ne è a conoscenza, così come suo marito John: questo lo sappiamo per certo perché il 13 maggio 1396 John ed Elizabeth firmano un accordo in cui Henry Sinclair assegna alla coppia il diritto di proprietà dei suoi possedimenti norvegesi in caso di mancato ritorno dall'imminente spedizione.

Elizabeth dà alla luce tre figli: Walter, John e Robert.

John erediterà lo spirito del nonno materno e avrà una vita molto avventurosa. Nel 1419 raggiungerà l'arcipelago portoghese di Madera, appena riscoperto dagli esploratori dell'Ordine dei Cavalieri di Cristo che saranno anche i suoi primi governatori. Alcune famiglie italiane si stabiliscono nell'arcipelago; fra queste, la famiglia Perestrello, originaria di Piacenza, che assume da subito incarichi di grande prestigio. Un uomo in particolare è importante per la nostra storia: Bartolomeo Perestrello, il figlio di uno dei primi tre esploratori che hanno raggiunto Madera per conto di Enrico il Navigatore.

Ma torniamo a John.

Nell'aprile 1422 John Drummond sposa Catarina Vaz de Lordelo, che si è già unita in prime nozze con Tristão Vaz Teixeira; una zia di quest'ultimo ha sposato qualche anno prima proprio Bartolomeo Perestrello. Si stabilisce così un primo legame fra le due famiglie, un legame destinato a solidificarsi: sappiamo che nel 1450 i Perestrello di Madera sono certamente imparentati con la famiglia Drummond-Sinclair e in quell'anno, a Bartolomeo Perestrello, capitano di Madera, governatore di Porto Santo, nasce una figlia: Felipa.

Nel 1478 Colombo si reca per la prima volta nella città di Funchal, a Madera, per prendere in consegna un carico di zucchero. Ma non è qui che avviene l'incontro decisivo della sua vita..

... L'incontro con Felipa Perestrello, la donna che presto sposerà.

I due si conoscono in occasione della messa domenicale nel monastero di Ognissanti, a Lisbona, dove Felipa vive e studia. Il monastero è vicino al negozio di carte che Cristoforo e suo fratello gestiscono nella città.

Si tratta di un incontro casuale o Colombo l'ha volutamente cercato?

Non lo sappiamo, però sappiamo che alla fine del 1479 i due si sposano e che la neosuocera fa un dono di nozze molto gradito al giovane sposo, un dono del quale ci dà testimonianza Fernando, un figlio avuto da Colombo in un successivo rapporto: le mappe, le carte marittime e i diari delle esplorazioni del defunto marito, Bartolomeo Perestrello. E questi documenti contengono i dettagli dei viaggi compiuti nelle terre occidentali dalla famiglia Drummond-Sinclair. Grazie a questo preziosissimo dono di nozze, certamente Colombo amplia le nozioni già accumulate in una vita di studi geografici ed esplorazioni.

Dopo il matrimonio si trasferisce con la moglie e la suocera a Porto Santo, una delle due isole maggiori dell'arcipelago di Madera, dove Bartolomeo Perestrello è stato governatore fino all'anno della sua morte, quando l'incarico è passato al fratello di Felipa. Qui, nel 1481, nasce Diego, l'unico figlio che avrà la coppia.

A Porto Santo il navigatore genovese ha modo di approfondire ulteriormente le sue conoscenze nautiche: si può presumere che passi molto tempo in quella che è stata la biblioteca di Bartolomeo Perestrello, una biblioteca specializzata in tutti gli argomenti inerenti la navigazione e seconda per importanza soltanto a quella di Enrico il Navigatore.

Tutto sembra propizio per le ambizioni del giovane Cristoforo Colombo, ma accade qualcosa che turba questo quadro perfetto: cresce la sua delusione per il mancato apprezzamento nell'ambiente portoghese e nel 1484, probabilmente in seguito a una crisi scoppiata tra l'Ordine dei Cavalieri di Cristo e il re Giovanni II, che uccide a pugnalate l'undicesimo Governatore dell'Ordine, don Diego, Colombo lascia in gran fretta il Portogallo. Con l'unico figlio avuto da

Felipa, che nel frattempo è morta, si rifugia a Palos, nella vicina Spagna.

In questo Paese cerca un altro sponsor politico per il suo progetto: aprire una nuova rotta per l'Asia attraverso l'Oceano Atlantico.

Nel 1488 Beatriz Enríquez de Arana, che non sposerà mai, gli dà un secondo figlio: Fernando. Nel 1492 riceve finalmente dalla Corona spagnola il permesso di tentare la nuova via per l'Asia.

Questo è quanto ci racconta la storia, ma in questo racconto ci sono alcune incongruenze.

Malgrado affermi di essere in cerca di una rotta verso le ricche capitali d'Oriente, Colombo porta con sé solo ninnoli e specchietti, che non sono certo merci adatte a impressionare le ricche corti dei mandarini e dei maharajah. Ninnoli e specchietti, gli stessi doni che, prima di lui, Henry Sinclair ha portato agli indigeni del Nuovo Mondo...

Cristoforo Colombo sa dove sta andando? Secondo il racconto dalla storia ufficiale, no.

È il 17 aprile 1492: a Santa Fé, Colombo firma un contratto secondo cui, in caso di riuscita del viaggio, otterrebbe il titolo di ammiraglio e la carica di viceré e governatore delle terre scoperte.

Quali nuove terre, se sta andando in Asia?

È il 3 agosto 1492: Colombo parte con centoventi uomini a bordo di due caravelle, la *Niña* e la *Pinta*, e di una caracca, la *Santa María*, la nave ammiraglia. Alle due di notte del 12 ottobre 1492 Rodrigo de Triana, dell'equipaggio della *Pinta*, avvista terra. All'alba Colombo sbarca su un'isola dell'arcipelago delle Bahamas che gli indigeni chiamano Guanahani e che lui ribattezza San Salvador.

E qui c'è un'altra incongruenza.

Il re del Portogallo, Giovanni II, reclama le nuove terre come un proprio diritto perché sa quanto Colombo abbia "preso" dai portoghesi.

A cosa si riferisce il sovrano?

Certamente alle conoscenze nautiche dei Cavalieri di Cristo, ma forse anche a molto altro...

Nel maggio 1493, con la bolla *Inter Caetera*, papa Alessandro VI divide il mondo in due parti, segnandolo con un meridiano da nord a sud, e assegna agli spagnoli tutta la parte a ovest della linea da lui tracciata.

E qui c'è un'altra incongruenza.

I portoghesi si danno molto da fare per spostare questo confine di qualche centinaio di chilometri, in modo che spetti a loro la terraferma brasiliana, a quel tempo peraltro ancora sconosciuta, almeno ufficialmente.

Perché, se non si ha la consapevolezza dell'esistenza dell'America? Consapevolezza che sarà raggiunta solo qualche anno dopo dal navigatore Amerigo Vespucci...

L'accordo così definito sarà siglato dal Trattato di Tordesillas, il 7 giugno 1494, e verrà poi ratificato dalla Spagna il 2 luglio e dal Portogallo il 5 settembre dello stesso anno: i portoghesi avranno il Brasile.

E se tutte queste incongruenze e quello che abbiamo raccontato in precedenza ci dicessero che la storia in realtà è andata diversamente?

E se le tre celebri navi guidate da Colombo, la *Niña*, la *Pinta* e la *Santa María*, e le loro vele bianche su cui campeggia una grande croce rossa non fossero altro che il futuro della perduta flotta dei Templari?

E se la grandezza per la quale Colombo passerà alla storia fosse in realtà rendere di pubblico dominio il grande segreto dei cavalieri, la conoscenza delle terre al di là dell'oceano, che lui potrebbe aver appreso in Islanda o nella biblioteca del suocero, Bartolomeo Perestrello?

Quel segreto che noi abbiamo visto immortalato in uno strano sigillo recante proprio la scritta *Secretum Templi* e che forse faceva parte dell'enorme bagaglio di conoscenze che ha contribuito a rendere i cavalieri potenti e ricchi.

La conoscenza di una terra che da quasi un secolo ospita una colonia, la colonia fondata dal conte Henry Sinclair...

Una colonia il cui ricordo è caduto nell'oblio, così come sono cadute nell'oblio le tracce dei precedenti insediamenti vichinghi.

Questo oblio però non è totale: nei circoli esoterici europei dell'epoca si conosce infatti il grande progetto di Henry Sinclair, il sogno di fondare una nuova Arcadia, una terra dove la libertà e la tolleranza siano la Regola.

E questo grande sogno sta per essere riscoperto da un navigatore, ancora una volta italiano: Giovanni da Verrazzano.

L'Arcadia

Giovanni da Verrazzano nasce nel 1485 da una ricca famiglia fiorentina, nel castello di Val di Greve, a sud di Firenze. Raggiunta la maggiore età, quindi intorno al 1506, Giovanni sceglie la carriera di navigatore e si trasferisce in Normandia, a Dieppe, mettendosi al servizio del re di Francia, Francesco I.

Nel 1523 lascia la Francia: parte da Dieppe con una piccola caravella, la *Dauphine*, un equipaggio di cinquanta uomini e un carico di provviste che basteranno per otto mesi. Costeggia il litorale spagnolo, si ferma a Madera; il 17 gennaio 1524 salpa dall'isola alla volta dell'America.

Scopo ufficiale della sua missione è trovare una nuova rotta per l'Oceano Pacifico e raggiungere la Cina settentrionale.

Anche in questo viaggio, però, ci sono davvero troppi elementi strani: a cominciare dal modo in cui il navigatore convince il re ad affidargli la missione.

Quando si reca al cospetto di Francesco I, Giovanni da Verrazzano gli porta un curioso trattato sull'alchimia e sul mondo idilliaco, un trattato dal titolo molto evocativo: *Arcadia*.

Dopo quarantanove giorni di navigazione, intorno alla seconda settimana di marzo del 1524, la *Dauphine* raggiunge le terre che corrispondono oggi allo Stato del North Carolina.

E qui c'è una seconda anomalia: invece di trascorrere mesi a esplorare il continente sconosciuto in cerca di una rotta per la Cina, punta verso nord.

Altra anomalia: Giovanni da Verrazzano non ha con sé merci da vendere o donare ai potenti signori asiatici.

Il navigatore supera la baia di Chesapeake e il fiume Delaware senza registrarli; raggiunge la baia di New York, getta l'ancora nel Narrows, lo stretto fra Staten Island e Long Island, e lì viene ricevuto da un gruppo di canoe dei nativi Lenape. Osserva quello che crede essere un grande lago di acqua dolce a nord della baia senza però riscontrare l'esistenza del fiume Hudson; osserva evidentemente con estrema superficialità. Prosegue il suo viaggio verso nord, sempre tenendosi lungo la costa; attraversa lo stretto di Rhode Island e raggiunge la baia di Newport, in Nuova Scozia, dove incontra dei nativi americani, i Wampanoag, che descrive come molto civilizzati e "tendenti al bianco". Uno dei nativi guida la *Dauphine* nella baia e l'aiuta a superare indenne rocce e scogli che potrebbero intrappolare anche il più esperto dei capitani.

Giovanni da Verrazzano ci racconta tutto questo nelle sue lettere, ma non spiega come riesca a comunicare con la guida, dato che tra il Vecchio e il Nuovo Mondo non esistono ancora né rapporti commerciali né una lingua comune.

Inoltre, attenendoci alla storia ufficiale, ci riesce difficile credere che fra i Wampanoag ci siano, nel 1524, delle guide esperte: non dovrebbero infatti esistere molte navi nella baia di Newport all'epoca.

Ma la cosa davvero sorprendente è che, di tutti i luoghi toccati dal suo viaggio, solo qui Giovanni da Verrazzano decide di fermarsi. E vi si trattiene per due settimane. Perché?

La risposta è in una mappa della regione tracciata da suo fratello Girolamo; su questa mappa disegna uno strano edificio che chiama "villa normanna".

In effetti un edificio domina la baia di Newport, un'enigmatica torre a base ottagonale all'interno di un cerchio del diametro di circa sette metri e mezzo, formata da otto grandi archi sovrastati da due ordini di pietre con feritoie.

Giovanni da Verrazzano capisce subito di trovarsi davanti a un battistero templare: com'è tipico di quegli edifici, il cerchio rappresenta il mondo, e gli otto lati del fonte battesimale simboleggiano la rinascita intesa come resurrezione. È difficile assegnare una datazione alla pietra, e le stime degli studiosi collocano la struttura fra il XIV e il XVII secolo perché il cemento tra le pietre è di epoca coloniale, così come gli oggetti rinvenuti all'interno dell'edificio: ma questi elementi non costituiscono affatto una prova certa, dal momento che l'edificio potrebbe essere stato riparato in epoca coloniale e questo potrebbe aver falsato la datazione. Un indizio sulla reale epoca di costruzione e sulle origini della torre è fornito invece dalle sue dimensioni: in tempi a noi vicini, nel 1952, alcuni architetti, dopo averne misurato le distanze e gli angoli, hanno stabilito che non è stata costruita usando il piede inglese bensì quello norvegese, pari a 31,36 centimetri. Inoltre, più dell'80 per cento dei battisteri scandinavi ha un ingresso sul lato sudovest, proprio come quello della "villa normanna".

Con il suo arrivo e la sua permanenza a Newport, l'esploratore toscano ha portato a compimento la sua vera missione: trovare tracce della colonia fondata da Henry Sinclair nel Nuovo Mondo.

Se le cose fossero andate realmente così, ci spiegheremmo perché Giovanni da Verrazzano convinca Francesco I ad affidargli la missione portandogli il trattato intitolato *Arcadia*.

Del resto il capitano fiorentino, nel trovarsi davanti alla "villa normanna", un edificio così fuori luogo nel Nuovo Mondo, non mostra alcuna sorpresa e ne prende semplicemente nota nella sua mappa, senza aggiungere particolari commenti, come se si aspettasse di incontrarlo.

Usa di proposito il termine "villa" per sviare l'attenzione di chi guarderà la sua mappa?

L'ultima tappa del viaggio di Henry Sinclair nel Nuovo Mondo potrebbe essere stata proprio la baia di Newport? Un punto riparato dal mare, lontano dal percorso abituale delle navi che costeggiano il litorale, un luogo molto apprezzato dai marinai per la sicurezza che offre...

Una volta terminata, la torre di Newport permetteva infatti di vedere a undici miglia marine di distanza e fungeva sia da faro per le navi amiche sia da torre d'avvistamento per quelle nemiche.

La torre di Newport indica in modo inequivocabile che i Templari sono stati in questa parte del Nuovo Mondo?

Gli uomini di Henry Sinclair costruiscono l'ultimo santuario templare di pietra in modo che duri nel tempo, a testimonianza del loro passaggio?

Dopo la permanenza a Newport, Giovanni da Verrazzano prosegue velocemente il suo viaggio verso nord, supera l'odierno Maine e la Nuova Scozia sudorientale per poi rientrare, passando per Terranova, in Francia, dove approda a Dieppe l'8 luglio 1524.

Nella lettera che il capitano fiorentino scrive a Francesco I, non c'è alcun accenno a quella che dovrebbe essere la sua missione: costeggiare il Nord America per trovare un accesso al Pacifico.

Giovanni da Verrazzano morirà pochi anni dopo, forse divorato dai cannibali delle Antille nel 1528, forse catturato dagli esploratori spagnoli e impiccato come pirata a Cadice. Morirà con la certezza che Henry Sinclair fosse davvero stato nel Nuovo Mondo e avesse realmente fondato una colonia che, nelle sue intenzioni, avrebbe dovuto proteggere il sapere e il tesoro dei Templari.

Il pozzo del denaro

E adesso c'è un'ultima strana storia che dobbiamo raccontare, una storia che si è svolta più di due secoli fa, ancora una volta in America, ancora una volta in Nuova Scozia e, per l'esattezza, in una piccola isola, parte di un arcipelago composto da oltre duecentocinquanta isole nella Baia di Mahone: Oak Island.

Quattrocento anni dopo la spedizione di Henry Sinclair nel Nuovo Mondo, in un pomeriggio d'estate del 1795, tre ragazzi trascorrono il loro tempo con un gioco: la caccia al tesoro. A guidare il gruppo è il sedicenne Daniel McGinnis, che alcuni giorni prima, vagando per i boschi di Oak Island, ha notato un avvallamento nel terreno ai piedi di una gigantesca quercia. La cavità era così circolare che sembrava proprio che qualcuno vi avesse scavato; magari per nascondervi qualcosa. Così Daniel guida i suoi amici, Anthony Vaughan e John Smith, ai piedi della quercia e i tre, muniti di pale e picconi, cominciano a scavare al centro dell'avvallamento: il terreno risulta essere molto più morbido di quanto si aspettassero. Dopo mezzo metro i ragazzi trovano uno strato di pietre accuratamente disposte: togliendo le pietre hanno la certezza che stanno scavando in un pozzo che è già stato scavato. Tre metri più in basso li aspetta un'altra sorpresa: incontrano una piattaforma di tronchi di quercia, conficcati nei fianchi di una cavità dalle pareti di argilla, una cavità larga quattro metri. I tronchi sono marci, evidentemente sono rimasti lì molto tempo, ma proprio per questo sono facili da spostare. Daniel, Anthony e John, sempre più emozionati, continuano a scavare. A sette metri di profondità incontrano una seconda piattaforma di tronchi di quercia e poi ancora un'altra, a dieci metri.

A questo punto l'euforia dei ragazzi è al massimo. Quello che era cominciato come un gioco si sta trasformando in qualcosa di molto serio. Capiscono in fretta che non possono continuare facendo appello esclusivamente alle loro forze: devono cercare aiuto, altre braccia e, soprattutto, macchinari.

Devono coinvolgere altre persone in quello che non è più un gioco, ma una vera caccia al tesoro.

Così tentano di convincere i fattori, ma non ottengono risultati. Pochissimi sono disposti ad andare su quell'isoletta disabitata di centoventotto acri; una macabra fama la circonda: anni prima vi sono state avvistate strane luci di notte e da allora si è diffusa la leggenda che l'isola sia stregata.

Senza il sostegno di cui hanno bisogno, Daniel, Anthony e John rinunciano, almeno per il momento, a compiere ulteriori scavi; ma non dimenticano la loro isola del tesoro né la dimenticheranno mai per tutto il corso della vita.

Prima che l'anno finisca, John Smith acquista dei terreni sull'isola e quando si sposa ci si trasferisce per impiantarvi una fattoria. Quando sua moglie rimane incinta del loro primo figlio, si sposta sull'isola principale dell'arcipelago per una visita con il medico di famiglia, il dottor Simeon Lynds, un parente di Anthony Vaughan, e gli racconta della scoperta fatta con gli amici. Il dottor Lynds si mostra così interessato da decidere di investire subito del denaro per riprendere gli scavi.

Neanche Daniel McGinnis è riuscito a dimenticare l'avventura condivisa nell'estate del 1795 con i due ragazzi e coltiva dei terreni di Oak Island.

Nel 1801 il dottor Lynds, con trenta soci, costituisce la prima società, che chiama "Onslow", in onore della sua città natale, per la ricerca del tesoro nell'area che viene battezzata *Money Pit*, il "pozzo del denaro". I lavori riprendono: con corde e pulegge, viene rimosso il fango che si è nel frattempo accumulato nella fossa scavata dai tre ragazzi sei anni prima; poi si continua a scavare. Vengono incontrate nuove piattaforme di quercia, a intervalli di tre metri l'una dall'altra, strati di carbone e un materiale fibroso marrone: tutto questo, prova inconfutabile che la fossa è una costruzione umana destinata evidentemente a occultare qualcosa, non fa che entusiasmare gli animi.

A trenta metri di profondità si trova una grande sorpresa: una pietra con delle iscrizioni. La pietra viene subito mostrata a un professore di lingue del vicino collegio di Halifax, il quale vi individua un codice molto comune, in cui semplicemente una cifra viene usata per sostituire la lettera "e". Il messaggio che ne deriva è assai incoraggiante: secondo il professore, infatti, indicherebbe che il tesoro si trova tredici metri più in basso.

La pietra con le iscrizioni viene incorporata da John Smith nel suo camino per poi finire in una libreria di Halifax e scomparire per sempre alla chiusura del negozio.

Presto l'entusiasmo subisce una prima e dura battuta d'arresto: un giorno, raggiunti i trentuno metri di profondità, i cercatori di tesori si rendono conto che per ogni secchio di terra che tolgono, devono svuotare anche due secchi d'acqua. Nel frattempo si fa sera e i lavoranti lasciano lo scavo, certi che l'indomani raggiungeranno il tesoro; troveranno invece un'amara sorpresa: l'acqua ha allagato l'intero pozzo. I tentativi di svuotarlo con una pompa si rivelano vani, il pozzo continua a riempirsi d'acqua.

Così si scopre una realtà che gli anni a venire confermeranno: il pozzo è una trappola per chiunque intenda violarne il segreto.

Per il carico di lavoro eccessivo la pompa esplode. I lavori vengono interrotti per la seconda volta.

L'anno successivo la società decide di abbandonare il primo pozzo e di aprirne un altro. Superati i trenta metri di profondità, si tenta di costruire una galleria per raggiungere lo scavo originario, ma anche in questo caso l'acqua allaga i pozzi, prima quello nuovo e poi quello vecchio.

I fondi nel frattempo si esauriscono e il cantiere questa volta resterà chiuso per quarant'anni.

Nel 1845 viene fondata un'altra società, più grande della prima: ne fanno parte un altro dottor Lynd, di Truro, in Nuova Scozia, e un ingegnere minerario, James Pitbaldo.

Anthony Vaughan e John Smith hanno ormai quasi

settant'anni, ma il fascino del pozzo del denaro è per loro ancora immutato: entrambi assistono agli scavi.

La società apre un terzo pozzo che, dopo dodici giorni, raggiunge i ventitré metri di profondità. Scatta di nuovo la trappola dell'acqua, ma la compagnia si è preparata ad affrontare tale eventualità: viene eretta una piattaforma e posta in opera una trivella azionata da un cavallo. A trentatré metri di profondità la trivella perfora una piattaforma che si rivela essere costituita da legno di abete spesso quindici centimetri; mezzo metro più in basso c'è una piattaforma di quercia. Tutti sono ormai convinti di aver raggiunto finalmente il tesoro, ma la trivella porta in superficie solo frammenti metallici e il materiale fibroso marrone già incontrato in precedenza, che presto svelerà la sua vera identità: noci di cocco.

Jotham McCully, il responsabile dello scavo, ritiene che i frammenti metallici appartengano agli anelli di una catena d'orologio e gli scavatori tentano di recuperarne quanto possibile.

La tensione è alta e iniziano i primi screzi fra i lavoratori: uno di loro nota che James Pitbaldo si mette in tasca qualcosa e poi, su richiesta, si rifiuta di mostrarlo agli altri, promettendo che lo farà in occasione della successiva riunione dei direttori della società. Invece Pitbaldo non svelerà mai la natura del misterioso oggetto; tenta anzi una mossa inaspettata: tramite un uomo d'affari, Charles Archibald, dell'Acadian Iron Works, cerca di acquistare la fossa dagli altri direttori, che però rifiutano di vendere, e muore poco dopo in un incidente minerario, portandosi il suo segreto nella tomba e lasciando aperto uno dei tanti interrogativi insoluti legati al pozzo del denaro.

Cosa ha trovato James Pitbaldo di tanto prezioso da non volerne condividere la verità con nessuno e da spingerlo a desiderare di diventare l'unico investitore dell'operazione?

Nel 1850 la società apre l'ennesimo pozzo e arriva ai trentasei metri di profondità; si tenta nuovamente di scavare una galleria per istituire il ricongiungimento con il pozzo originario.

La galleria, questa volta, permette di fare una scoperta fondamentale: ad allagare i pozzi è acqua marina. Osservando l'acqua nella fossa e quella del mare, si nota infatti che il livello dell'acqua nella fossa sale e scende seguendo le maree della baia: si conclude che debba esserci un canale naturale che parte dalla vicina spiaggia, chiamata Smith's Cove, e che sia proprio quello a causare gli allagamenti.

La Smith's Cove viene esplorata alla ricerca di tracce di questo canale e si individua un luogo dove l'acqua sgorga dalla sabbia e, sorpresa, intorno a questo punto c'è il materiale fibroso trovato nelle diverse fosse. Sotto uno strato di alghe, inoltre, i lavoranti rinvengono una massa di roccia, priva di sabbia. Nell'incredulità generale, il presunto canale naturale si rivela essere artificiale!

La società acquista allora una chiusa per ridurre l'afflusso dell'acqua nell'insenatura e rendere possibili ulteriori ricerche. Dopo settimane di lavoro viene realizzata una diga di argilla e pietre e si scopre una cosa straordinaria: su quella spiaggia artificiale costruita chissà quando e la cui creazione persino al giorno d'oggi sarebbe considerata un'impresa ardua, era stata occultata una galleria di centosettanta metri con una portata di 8000 litri d'acqua oceanica al minuto, completa di un sistema di filtri che impediscono ai bacini di ostruirsi anche dopo secoli di funzionamento.

Una galleria pronta a trasformarsi in una trappola per chiunque intenda violare il segreto del "pozzo del denaro"!

Le difficoltà crescono, ma con esse anche la certezza che a Oak Island sia nascosto qualcosa di davvero molto prezioso.

Una nuova disgrazia interrompe però un'altra volta i lavori: una tempesta atlantica distrugge la diga costruita per trattenere le acque dell'oceano. È inverno, pertanto non ha senso costruirne un'altra. La società decide quindi, per assorbire l'acqua, di scavare un pozzo tra la riva e la fossa del tesoro. Il tentativo fallisce; viene ripetuto, ma fallisce ancora.

I lavori vengono sospesi per alcuni anni.

Nel 1859 la società riesce a rimettere insieme i fondi necessari per ripartire: vengono ingaggiati sessantatré uomini e scavati nuovi pozzi; le pompe manuali sono sostituite da pompe a vapore. Il "pozzo del denaro", però, resiste anche alle tecnologie più moderne: l'esplosione di una caldaia uccide uno degli uomini e i lavori si interrompono di nuovo.

Dopo l'abbandono anche di questa seconda società, la maggior parte di Oak Island viene venduta a Anthony Graves, un fattore del luogo che non prenderà mai parte agli scavi ma darà, negli anni a venire, le sue terre in concessione ai cacciatori di tesori.

Nel 1866 si costituisce una nuova società con lo scopo di costruire una diga più grande. Anche questa volta l'Oceano Atlantico si rifiuta di collaborare e la diga viene travolta dalle acque. La società ha vita breve, ma fa in tempo ad aprire altri pozzi che contribuiscono a complicare ulteriormente le cose.

Passano gli anni e Anthony Graves rimette a coltura le sue proprietà.

Nel 1891 Frederick Blair, allora ventiquattrenne, prende il testimone dei precedenti tentativi e comincia a dedicarsi al "pozzo del denaro". Anche lui fonda una società, la Oak Island Treasure Company; i soci forniscono 60.000 dollari di capitale, metà del quale serve solo per ottenere in concessione la terra. Utilizzando le tecnologie moderne per impedire alla trappola ad acqua di allagare i pozzi, gli uomini della Oak Island Treasure Company fanno esplodere 50 chili di dinamite ma, inesorabilmente, i pozzi si allagano lo stesso. Questa società riesce però ad aggiungere un tassello utile per la decodificazione degli elaborati meccanismi difensivi del "pozzo del denaro": compiendo esperimenti con del colorante rosso, si scopre che esiste anche un altro sistema di gallerie che parte da una spiaggia sull'altro lato dell'isola, il lato sud; una galleria più profonda, di duecento metri, che costituisce una seconda trappola per proteggere qualunque cosa sia nascosta nella fossa del denaro.

Nonostante questo ulteriore indizio, anche la Oak Island Treasure Company è costretta ad abbandonare il campo.

Nell'aprile 1909 il capitano Henry L. Bowdoin fonda la Compagnia dei Naufraghi per il Salvataggio dell'Antico Oro, una società con sede al 44 di Broadway Street, a New York: il capitale versato, secondo le intenzioni del fondatore, dovrebbe raggiungere i 250.000 dollari, da investire in pubbliche azioni di un dollaro l'una. L'impresa è quanto mai ambiziosa: Bowdoin prevede, una volta rintracciato il tesoro, di poterlo tramutare in qualcosa come 10 milioni di dollari.

Un giovane avvocato, Franklin Delano Roosevelt, il futuro presidente degli Stati Uniti, mentre trascorre l'estate sulla costa del New Brunswick, legge un articolo di giornale che parla della società e, molto incuriosito, insieme a tre amici, decide di comprarne alcune azioni e di visitare personalmente il sito dove si sarebbe svolta l'operazione di recupero. Dopo questa prima volta, nel 1909, Roosevelt si recherà in più occasioni a visitare Oak Island e resterà in contatto con i cercatori di tesori per oltre trent'anni, come testimoniano alcune lettere datate 1939, epoca durante la quale assolveva il suo secondo mandato di presidente degli Stati Uniti, in cui si dilunga ancora a parlare del mistero di Oak Island.

Che un uomo razionale e intelligente come Roosevelt ritenga il mistero del "pozzo del denaro" una materia tanto importante da meritare un così prolungato interesse da parte sua, costituisce una testimonianza a dir poco eccezionale a dimostrazione del fatto che gli enigmi che aleggiano intorno all'isola sono davvero qualcosa di fuori dal comune.

E non è l'unica celebrità che si lascia affascinare da questa vicenda: nelle future società organizzate per cercare il tesoro investiranno, fra gli altri, anche John Wayne ed Errol Flynn.

La compagnia di Henry L. Bowdoin però è un insuccesso sin dagli esordi: riesce a racimolare quote per soli 5000 dollari. Il 27 agosto 1909, comunque,

Bowdoin approda a Oak Island. Com'è facilmente prevedibile, a novembre i pochi fondi destinati all'operazione si estinguono e il capitano lascia l'isola.

Negli anni successivi si susseguono dei tentativi modesti fino a che, nel 1922, non si trova un importante investitore: William Chappell di Sydney, in Nuova Scozia, e suo figlio Mel, futuro ingegnere, che ha solo dieci anni quando giunge per la prima volta a Oak Island nel 1895. Mel introduce delle innovazioni nel sistema di scavo: decide di utilizzare un pozzo a cielo aperto e una pompa centrifuga.

Anche la spedizione di Chappell esaurisce presto i fondi, ma nel 1934 nella società entra anche Gilbert Hedden, un investitore molto facoltoso che consente di portare la corrente elettrica e di ingaggiare una squadra per le perforazioni proveniente dalle regioni minerarie della Pennsylvania. Dopo tre anni di lavori senza alcun risultato rilevante, Hedden abbandona l'impresa.

Durante questi nuovi scavi viene rinvenuto un indizio stimolante: un triangolo di pietra; Chappell si convince che sia un segnale, e così molti altri dopo di lui.

Nel 1946 William Chappell muore; suo figlio Mel continuerà a cercare il tesoro finché, nel 1975, non morirà a sua volta. La sua storia si unisce a quella di altri, prima e dopo di lui, che rimarranno per tutta la vita ossessionati dalle ricerche a Oak Island, come in una sorta di maledizione che finora è costata più di duecento morti, vittime di incidenti durante le operazioni di scavo.

Negli anni Cinquanta Fred Nolan, un agrimensore di Bedford, scopre sull'isola una grossa pietra levigata e alcune rocce di granito a forma di cono: collegando queste pietre su una mappa geografica, ottiene il disegno di una croce cristiana che, secondo Nolan, rappresenterebbe la firma dei cavalieri templari.

Comincia così ad affermarsi una teoria destinata a riscuotere grande successo: il "pozzo del denaro" sarebbe l'ennesimo prodigio creato dai Templari che, approdati nel Nuovo Mondo, vi avrebbero nascosto il loro leggendario tesoro.

È un'ipotesi credibile?

Sicuramente, chiunque abbia costruito il complesso sistema della fossa lo ha fatto prima del 1750, epoca dopo la quale gli insediamenti ormai numerosi avrebbero reso impossibile mantenere le operazioni segrete.

E, sicuramente, chiunque abbia costruito il complesso sistema vi ha sepolto qualcosa dal valore così alto da giustificare i grandi sforzi compiuti per nasconderlo.

La famiglia Sinclair aveva il movente e i mezzi per arrivare in America; inoltre, aveva un tesoro da nascondere, le reliquie e i registri segreti che abbiamo visto trasportare lontano dal Tempio di Parigi la notte precedente l'arresto dei Templari e che abbiamo visto affidare proprio alla famiglia Sinclair. Quel tesoro che, in un primo momento, sarebbe stato nascosto in Scozia, nell'isola di May e nella cappella di Rosslyn, per poi dover essere trasferito, quando il clima politico scozzese era diventato troppo teso, altrove.

Forse non è quindi azzardato ritenere che siano stati proprio i Sinclair a costruire l'elaborato sistema di gallerie di Oak Island, un sistema a prova di qualunque intrusione e finora inviolato, nelle terre esplorate da Henry Sinclair alla fine del 1300.

Del resto i Sinclair non hanno mai divulgato la loro incredibile scoperta né hanno mai rivendicato alcun diritto sui territori scoperti...

Perché, se non per tutelare qualcosa di ben più importante della gloria e della ricchezza che da una simile rivelazione sarebbero potute scaturire?

Quello che dobbiamo chiederci, a questo punto, è chi possieda la chiave del segreto di Oak Island.

È molto probabile che il vero segreto non sia stato tramandato, ma sia scomparso con la fine dell'ultimo Sinclair che ne ha avuto conoscenza, forse morto prima di poterlo trasmettere a sua volta.

Come abbiamo visto, i possibili visitatori dell'America prima di qualsiasi spedizione europea organizzata sono i Vichinghi, interessati al legname e alle zanne di tricheco; e i pescatori baschi, che trasportavano sale per essiccare il merluzzo: nessuno di loro possedeva ricchezze tali da dover essere nascoste, e sicuramente nessuno di loro era in possesso della tecnologia necessaria per creare una struttura così insolita come quella del "pozzo del denaro" di Oak Island.

Steven Sora, nel suo libro *La colonia perduta dei Templari*, manifesta la convinzione che la famiglia Sinclair, consapevole dell'enorme valore del tesoro dei Templari, abbia costruito e usato il complesso di Oak Island per nascondere le ricchezze dell'Ordine, trasportandole via mare dalla Scozia e dalla cappella di Rosslyn, dove non erano più al sicuro.

Ecco l'ipotetica ricostruzione dei fatti immaginata

da Steven Sora: il conte Henry Sinclair compie il suo primo viaggio nel Nuovo Mondo nel 1398 e poi un altro intorno al 1400, quando fonda la colonia cercata e trovata nel 1524 da Giovanni da Verrazzano. Henry mantiene segreta la sua spedizione e mantiene segreta l'esistenza della colonia da lui fondata, tramandandola solo ai famigliari, che a loro volta trasmetteranno la notizia di generazione in generazione.

I tempi non sono ancora così critici da dover trasferire nel Nuovo Mondo il tesoro dei Templari ma stanno per diventarlo; quarant'anni dopo, il nipote di Henry, William Sinclair, fa giungere a Roslin degli scalpellini e dei muratori per iniziare la costruzione di uno dei monumenti religiosi più affascinanti del mondo, la cappella di Rosslyn. Tuttavia, l'effettiva costruzione della cappella ha inizio solo cinque anni dopo l'arrivo degli operai a Roslin e non si ha notizia di altri incarichi loro affidati nel frattempo; in quei cinque anni gli operai vengono trasferiti in gran segreto in Nuova Scozia per realizzare il sistema di gallerie di Oak Island e poi tornano a Roslin per costruire la cappella e incidere sulla pietra un segno del loro passaggio nel Nuovo Mondo: le piante americane di aloe e mais.

Il tempo necessario per la costruzione del "pozzo del denaro" è stato stimato essere di un anno.

La conferma dell'ipotesi formulata da Steven Sora potrebbe esserci data dall'effettivo ritrovamento del tesoro a Oak Island.

Ma non solo da questo…

Se per un anno gli operai dei Sinclair hanno vissuto realmente in Nuova Scozia per costruire Oak Island, da qualche parte devono aver abitato. E se una spedizione guidata dai Sinclair ha davvero scavato questa cripta segreta, non sarebbe stato prudente circondare la zona con gli alloggi temporanei di centinaia di persone, perché l'accampamento, anche se tolto in seguito, avrebbe indicato una presenza umana attirando così l'attenzione dei curiosi. Al contrario, con una base a qualche ora di distanza dove ospitare la maggior parte della manodopera e le navi utili a trasportare i lavoratori necessari, si sarebbero certamente corsi meno rischi di venire scoperti.

Poco distante da Oak Island c'è Halifax, un porto naturale: gli operai della famiglia Sinclair si sono stabiliti in questo luogo?

È possibile, ma forse la risposta a questo quesito arriva nel 1979, quando nei paraggi di Oak Island, nella piccola comunità di New Ross, due abitanti del posto, Jean Harris e il marito, fanno una scoperta sul retro della casa in cui vivono da sette anni: delle rovine che si estendono fino a una collina poco distante; delle mura, alcune spesse un metro e mezzo; e delle grandi pietre con incise alcune iscrizioni che a tutt'oggi non sono ancora state decifrate. Jean Harris tenta da subito di invitare musei e università a studiare la sua proprietà, ma nessuno si mostra interessato a esaminare le rovine di una struttura che la donna ritiene essere un castello.

È interessante osservare che l'area si trova nei pressi del fiume Gold, un tempo, come il nome stesso indica, disseminato d'oro; una zona pertanto molto ricca, che poteva offrire numerosi vantaggi alla spedizione Sinclair, non ultimo quello legato alla viabilità.

Altro dettaglio interessante è che il paese di New Ross era noto in passato come *The Cross*, "la Croce".

È molto probabile che a The Cross non sorgesse un castello, come Jean Harris sostiene, bensì una *long house* di tipo nordico, adatta a ospitare gli operai dei Sinclair: l'equipaggio salpato dalla Scozia poteva essere composto da muratori e artigiani di Roslin, ma non solo; ne facevano probabilmente parte anche marinai provenienti dalle Orcadi e discendenti dei Vichinghi, e sono stati probabilmente questi uomini a costruire una *longhouse* di pietra simile a quelle che già costruivano in patria.

Forse, grazie a studi più approfonditi, negli anni a venire il paese di New Ross e il "pozzo del denaro" di Oak Island ci aiuteranno a trovare una soluzione per uno degli enigmi più affascinanti della storia: il mistero del tesoro dei Templari.

Forse ci aiuteranno a ottenere la certezza che la gloriosa storia dei cavalieri, iniziata a Gerusalemme nel 1120, non si è conclusa il 18 marzo 1314 a Parigi con la morte sul rogo dell'ultimo Gran Maestro, Jacques de Molay, e del precettore di Normandia, Geoffroy de Charny, ma ha continuato a influenzare i destini del mondo e a ispirare le grandi imprese di uomini straordinari.

Epilogo

Ripercorriamo il cammino dei Templari e di quello che portavano con loro. Il mitico tesoro? Ricordando quanto si è detto nelle pagine precedenti – la mappa ci può aiutare – cerchiamo di capire come e quante volte il volo di fantasia che stiamo per intraprendere può toccare terra. Forse più spesso di quanto immaginiamo, ma non solo.

Nel nostro viaggio proveremo a sognare da cosa potrebbe essere costituito e dove può essere stato nascosto.

Dov'è il tesoro?

Gerusalemme

Tutto comincia da qui. Cosa hanno trovato negli anni i nove uomini, i primi Templari, che hanno avuto tutto il tempo per indagare, cercare, scavare. Cosa hanno conservato? Cosa hanno portato con loro? È possibile che abbiano trovato qualcosa di tanto rilevante da far crescere immediatamente il loro prestigio e il loro potere?

↓

San Giovanni d'Acri (Siria)

Il 2 ottobre 1187 Saladino entra con il suo esercito a Gerusalemme. Perduta la Città Santa, si stabilisce la nuova capitale del regno a San Giovanni d'Acri, in Siria. In questa città si sposta il contingente cristiano e, con esso, i Templari, che portano con loro tutto quello che hanno raccolto a Gerusalemme. Nel maggio 1291 anche San Giovanni d'Acri cade in mano ai musulmani. I Cavalieri sono costretti a spostarsi di nuovo, incalzati dall'avanzata nemica.

↓

Cipro

Dopo la caduta di San Giovanni d'Acri, Templari e Ospedalieri stabiliscono il loro quartier generale sull'isola di Cipro dove, molto probabilmente, vengono trasportate parecchie reliquie raccolte in Terra Santa. Ma non tutte.

↓

Atene

La leggenda racconta che nel maggio 1291, quando San Giovanni d'Acri cade in mano ai musulmani, la casa di Nazareth venga sollevata da "angeli dalle bianche ali" che la portano lontano.

Secondo un cronista dell'epoca delle Crociate, l'arcivescovo Guglielmo da Tiro, nei primi giorni del maggio 1291 una nave mercantile lascia il porto di San Giovanni d'Acri alla volta di Atene carica delle reliquie della Terra Santa.

Una parte del tesoro templare viene quindi trasferita ad Atene ma, ancora una volta, non tutto: il tesoro viene sparpagliato.

↓

Porto Recanati

Vincenzo Mastareo, in *Vita di San Pietro Celestino papa V*, riferisce che la Casa di Loreto arriva in Italia il 10 dicembre 1294, tre giorni prima della rinuncia al papato da parte di Celestino.

Ed è qui che leggenda e storia si incontrano: portata in volo dagli angeli secondo la leggenda, in realtà la Casa potrebbe essere stata trasportata dalla famiglia "Angeli" dopo essere stata smontata a Giaffa, città marittima, da maestranze templari.

All'epoca dei fatti Atene, meta originaria della nave con le reliquie secondo una testimonianza, è un ducato governato dal ramo principale della famiglia francese de la Roche, legata da una lunga tradizione all'Ordine Templare. Fra il 1287 e il 1308 duca di Atene è Guy de la Roche, figlio di Elena Angeli, la quale regge il ducato in nome del figlio, ancora minorenne, dal 1287 al 1296, dunque nell'epoca in cui si svolge la nostra storia. Elena Angeli, della famiglia Angeli!

La spiegazione però potrebbe anche essere un'altra: Angeli è infatti il nome con cui vengono chiamati i Templari a Recanati, a causa del loro stanziamento nell'antico sestiere cittadino di Sant'Arcangelo.

In ogni caso, che si tratti della famiglia Angeli o dell'epiteto "angeli", tutti i fili sembrano ricondurre la Casa Santa di Nazareth e quella di Loreto alla medesima origine e sembrano chiamare in causa i Templari.

Il 10 dicembre 1294 la Casa Santa di Nazareth arriva quindi in Italia, trasportata dai Templari; Celestino non è a Roma, così il potere nella città è esercitato dal suo vicario, Salvo, che è anche vescovo di Recanati; presumibilmente Salvo fa in modo che le "pietre sante" approdino a Porto Recanati, uno dei principali scali vaticani, e presumibilmente decide che la Casa rimanga nella sua diocesi, a Loreto, a pochi chilometri dal porto...

↓

Loreto

Nelle fondamenta più antiche della Casa Santa di Loreto sono stati trovati due tornesi d'oro, un tipo di moneta emessa per la prima volta all'inizio dell'XI secolo dall'abbazia di San Martino a Tours, in Francia; due tornesi d'oro fatti coniare dai duchi di Atene, proprio da Elena Angeli. Queste due monete, fra le centinaia rinvenute sotto la Casa, sono le uniche certamente riconducibili all'epoca della presunta traslazione.

Tra le pietre della Casa Santa di Loreto nel XIX secolo sono stati inoltre trovati dei brandelli di stoffa rossa: quattro croci di tela purpurea della lunghezza di circa cinque centimetri ognuna.

Risalgono al tempo dei crociati.

Del resto la presenza dei Templari in Centro Italia e non solo è testimoniata da mille tracce in continua rivelazione. A tale proposito è curioso citare come esempio il piccolo e caratteristico comune di Castignano (Ascoli Piceno), arroccato e fortificato, dove tuttora si celebrano i Templari ed esistono evidenti tracce del loro passaggio, al punto che una delle strade più importanti del borgo si chiama ancora "Via Templari".

Aquila

Aquila è una città che è stata voluta da Federico II: l'intento dell'imperatore è quello di costruire una grande città nel Nord estremo del Regno di Sicilia, cioè il più vicino possibile ai territori dello Stato Pontificio. Federico vuole che Aquila prenda come modello la pianta di Gerusalemme per diventare la nuova Città Santa.

Ad Aquila, e precisamente nella basilica di Santa Maria di Collemaggio, Pietro Angeleri si fa incoronare papa, Celestino V, così la città diventa il nuovo centro spirituale della cristianità.

La basilica di Collemaggio è destinata a custodire qualcosa di particolarmente importante per la Cristianità, una reliquia dal valore davvero eccezionale? Per questo ha fondamenta più adatte a una fortezza che a una chiesa?

Secondo alcuni studiosi, in effetti sarebbe così: Santa Maria di Collemaggio sarebbe nata proprio per custodire una preziosissima reliquia d'origine templare. Una reliquia che proviene dalla Terra Santa.

Celestino V, pur richiamato più volte a esercitare il suo mandato a Roma, non abbandonò mai Aquila (che prese il nome di "L'Aquila" solo nel ventennio fascista).

Nella sua tomba all'interno della basilica di Collemaggio, danneggiata dal terremoto, è sorprendentemente presente un grande medaglione raffigurante re Salomone, con tanto di dicitura.

Lione

Nel 1274 papa Gregorio X indice il concilio di Lione. Quando Pietro Angeleri, il futuro papa Celestino V, viene a sapere che, in occasione del concilio, il papa sopprimerà gli Ordini di più recente istituzione, tra cui il suo, si avvia a piedi con due confratelli, fra Giovanni d'Atri e fra Placido de Matteis, per raggiungere la città francese. Ha già compiuto i sessant'anni: cammina per quattro mesi, d'inverno, con la neve, finché arriva a Lione, dove viene accolto e ospitato, dall'inizio di febbraio 1274 alla fine di marzo, in un'abbazia cistercense.

Qui Pietro incontra i Templari.

Non sappiamo cosa sia successo durante questo incontro, ma sappiamo che dopo la vita di Pietro cambierà radicalmente.

E sappiamo che, tornando da Lione, il frate si recherà ad Aquila e troverà riparo nella chiesa di Santa Maria dell'Assunzione, dove gli apparirà in sogno la Vergine per chiedergli di costruire, in quella stessa area, una grande basilica. Quella basilica sarà l'abbazia svevo-cistercense di Santa Maria di Collemaggio, che Pietro dedicherà a Maria e nella quale sarà incoronato papa il 29 agosto 1294.

Parigi

Parigi è il quartier generale dei Templari dopo la caduta del Regno cristiano in Oriente.

Il 13 ottobre 1307 i soldati di Filippo il Bello fanno irruzione nel Tempio di Parigi, ma non trovano al suo interno nulla di rilevante.

La notte precedente all'arresto due Templari, Gérard de Villiers e Hugues de Châlons, hanno preso gran parte del tesoro e degli archivi, li hanno caricati su dodici carri coperti di fieno e hanno abbandonato il Tempio di Parigi al comando di cinquanta cavalieri.

↕

Chartres

Una basilica edificata con l'ausilio di raffinatissime conoscenze architettoniche e religiose dai monaci cistercensi, molto vicini ai Templari. Ricca di allegorie e di storia. Al suo interno ancora oggi è custodito il velo di Maria, ma non solo: su una vetrata si può ammirare un Cristo che ha sulla fronte la stessa macchia di sangue a forma di 3 rovesciato che si riscontra sulla Sindone. È una delle rare testimonianze indirette dell'esistenza del sacro lino già in un remoto passato. Tra gli altorilievi dell'esterno se ne può annoverare uno unico. Un carro trascinato da buoi con sopra un grande forziere sovrasta la scritta "Archa".

↓

La Rochelle

Dodici carri raggiungono il porto sull'Atlantico di La Rochelle, da dove salpano diciotto navi.

Il porto di La Rochelle ha sempre rappresentato un'anomalia. Apparentemente, infatti, non conduce da alcuna parte: è troppo a sud dell'Inghilterra e troppo a nord del Portogallo, entrambi Paesi connotati da una forte presenza templare, eppure non è mai stato una base secondaria. Tutt'altro. La Rochelle è sede di una casa provinciale che ha sotto la sua autorità tutte le commende e i baliaggi di una vasta zona; da qui partono sette strade templari che coprono l'intera Francia. Ed è proprio una di queste strade che i dodici carri, nella notte fra il 12 e il 13 ottobre del 1307, percorrono per raggiungere la salvezza.

Le diciotto navi salpate da La Rochelle si dividono: nove vanno verso il Portogallo a Tomar e nove verso l'isola di May in Scozia.

←

Portogallo

Nel 1320 la fortezza di Tomar diventerà sede dell'Ordine dei Cavalieri di Cristo, fondato da re Denis di Portogallo il 5 maggio 1319, nel quale confluiranno i Templari dopo la soppressione del loro Ordine. Alla nuova istituzione il re regala intatte tutte le proprietà dei Templari. Qui i cavalieri potranno continuare la loro vita sotto il segno dell'ufficialità.

Saranno proprio gli esploratori dell'Ordine dei Cavalieri di Cristo a riscoprire l'arcipelago portoghese di Madera e saranno loro a esserne i primi governatori.

A Madera si trasferirà nel 1419 John Drummond, nipote del grande Henry Sinclair, il protettore dei Templari scozzesi che alla fine del 1300 ha compiuto uno straordinario viaggio esplorativo nelle terre del Nuovo Mondo. E a Madera John si imparenterà con la famiglia Perestrello. Sessant'anni dopo Cristoforo Colombo sposerà Felipa Perestrello e, come dono di nozze, riceverà dalla suocera alcune carte nautiche che saranno determinanti per il futuro suo e del mondo.

Nel marzo del 2010, in un forte templare sull'isola di Ilheu de Pintinha, al largo di Madera, nella tomba di tre cavalieri viene ritrovato uno scrigno ornato che custodisce un chiodo risalente a un'epoca compresa tra il primo e il secondo secolo dopo Cristo. L'archeologo Bryn Walters è sicuro che si tratti di uno dei chiodi con cui fu crocefisso Gesù.

→

Isola di May (Scozia)

Vicino a Roslin, sulla piccolissima isola di May, nel Firth of Forth, la profonda insenatura creata nella costa orientale scozzese dall'estuario del fiume Forth, secondo una tradizione massonica francese, sarebbero stati inizialmente trasferiti a bordo di nove navi, per un brevissimo periodo immediatamente successivo alla fuga dal Tempio di Parigi, i documenti e le ricchezze dei Templari.

↓

Rosslyn

Il 21 settembre 1446, il conte William Sinclair dà inizio alla costruzione di una delle chiese più misteriose dell'Europa del Nord: Rosslyn.

Nei sotterranei di Rosslyn si apre una rete di gallerie, scalinate e sale segrete per entrare nelle quali è necessario calarsi in un pozzo e attraversare un cunicolo. Si tratta di un'opera di ingegneria simile a quelle create duemila anni prima per il Tempio di Salomone a Gerusalemme, strutturata secondo lo stesso schema che sarà adottato, su più vasta scala, in Nuova Scozia, una delle province marittime del Canada...

È molto probabile che proprio in queste gallerie sia stato trasferito, dall'isola di May, il tesoro dei Templari. Del resto, la cappella di Rosslyn è intrisa di simboli templari e massonici.

↓

Temple

"Il tesoro è sepolto fra l'olmo e la quercia" dice una leggenda. Siamo stati a Temple e del vecchio paese sono rimaste poche case e due chiese. Una, ridotta a uno scheletro in muratura, si trova al centro di un cimitero pieno di tombe templari e massoniche. Eravamo circondati da olmi e da querce secolari.

↓

Islanda

Snorri Sturluson, autore di una saga islandese, l'*Edda*, eletto capo di tutte le tribù islandesi che, una volta all'anno, si radunano confluendo dalle quattro regioni dell'isola, è il protagonista di una vicenda molto strana: gli storici attestano che nell'Althing, il parlamento nazionale islandese, durante una riunione tenutasi nell'estate del 1217, Snorri Sturluson si sarebbe recato con una scorta militare formata da ottanta uomini armati di scudo e corazza, definiti semplicemente come "provenienti dal Sud", tutti stranamente vestiti in ugual modo, e con una croce rossa sul petto.

Gli ottanta uomini misteriosi provenienti dal Sud erano cavalieri templari?

I Templari sono stati in Islanda e vi hanno lasciato parte del loro tesoro?

E in Islanda hanno sentito parlare dell'esistenza di sconfinate terre al di là del mare?

↓

Oak Island

Nel 1307 i soldati di Filippo il Bello, facendo irruzione nel Tempio di Parigi, trovano alcuni sigilli dell'Ordine: su uno di questi, apposto su un documento in cui un dignitario sconosciuto dà indicazioni al Gran Maestro, si legge l'iscrizione *Secretum Templi*, "Segreto del Tempio". Al centro si riconosce un personaggio che ha tutte le caratteristiche di un amerindio: vestito con un semplice perizoma, porta un copricapo di piume e nella mano destra tiene un arco; a sinistra, sopra l'arco, si vede una svastica dai bracci ricurvi, la cui forma è esattamente quella predominante in Scandinavia all'epoca dei Vichinghi, e a destra, alla stessa altezza, si può distinguere una lettera dell'alfabeto runico, un antico alfabeto usato dalle popolazioni del Nord Europa. Il misterioso sigillo del Tempio sembrerebbe richiamare la connessione fra Vichinghi e America.

Il sigillo *Secretum Templi* è la prova che l'Ordine del Tempio sapeva dell'esistenza dell'America?

Il porto sull'Atlantico di La Rochelle è stato costruito per i viaggi verso l'America?

Nel 1398 dodici navi della flotta Sinclair lasciano le Orcadi. Antonio Zeno ne è ammiraglio e navigatore. Henry Sinclair porta con sé ferro e armi: cosa vuole farne?

La spedizione raggiunge la Nuova Scozia, nel Sud-est del Canada, e stabilisce un presidio a New Poss, a 30 chilometri da Oak Island.

Nella cappella di Rosslyn sono scolpite piante di mais e di aloe: rappresentano forse un duplice indizio? L'indizio del fatto che i Sinclair hanno raggiunto l'America e che proprio in quella terra vada cercato il tesoro?

Il tesoro è stato trasferito in queste nuove terre quando la situazione in Scozia non era più sicura a causa della Riforma protestante e del conseguente indebolimento della famiglia Sinclair?

In un pomeriggio d'estate del 1795 a Oak Island tre ragazzi, Daniel McGinnis, Anthony Vaughan e John Smith, scoprono che il terreno ai piedi di una quercia è molto morbido. Cominciano a scavare. Da allora non si è più smesso di farlo, e numerosissimi pozzi sono stati portati alla luce a Oak Island. Questi pozzi sembrano costruiti dalla mano dell'uomo e sono protetti da un ingegnoso sistema che fa sì che, arrivati a un certo punto, non si possa più continuare a scavare perché due canali, veicolando l'acqua dell'oceano, immancabilmente li allagano.

Cosa nasconde questo sistema così ingegnoso e complesso?

Insomma, dov'è il tesoro? Alla fine del percorso? Oppure è stato saggiamente dislocato in parte in alcune delle tappe che abbiamo esposto per allontanare il pericolo di un saccheggio totale? Sarebbe stato certamente più saggio. Se quindi una ricerca dovesse concretizzarsi ai giorni nostri, non dovrebbe considerare solo un luogo, ma una serie di luoghi. Città e paesi che avrebbero fatto parte allo stesso tempo di un disegno di fuga e di resistenza. Un comportamento compatibile con l'astuzia e la saggezza che i Templari hanno dimostrato di possedere.

Cos'è il tesoro?

Perduta ogni traccia del Santo Graal, con qualche residuo dubbio per cosa si potrebbe nascondere nell'anima centrale della colonna dell'apprendista nella cappella di Rosslyn, trovata la Sindone che riposa custodita nel Duomo di Torino, oltre ad altre reliquie e documenti, l'attenzione cade su oro e preziosi e sull'Arca dell'Alleanza. È vero, si dice che si trovi in Etiopia, ma non bisogna dimenticare che è tradizione di quel Paese conservare negli antichi luoghi di culto, in ciascuno, una copia dell'Arca. Tra le tante copie ci sarà anche l'originale? Non si può certo affermare con certezza, ma nemmeno si può dare torto agli antichi orientali che suggerivano: "Il posto migliore per nascondere un albero è la foresta". È anche vero, però, che con il passare del tempo e la morte dei testimoni oculari questo è il modo migliore per non trovarlo più.

In Etiopia è dunque rimasta solo qualche antica e preziosa copia? Difficile dirlo. Certo, l'altorilievo di Chartres fa sorgere il dubbio che i Templari sapessero sull'Arca più di quanto ancora oggi si creda.

Proviamo allora a immaginare (è solo un'ipotesi): l'Arca dell'Alleanza può essere quel sogno ritrovato nella Città Santa, e attraverso l'Oriente, portato da bianche ali di angeli in un porto italiano, in una città fortezza costruita appositamente, in una basilica dalle fondamenta ipermurate più simili a un castello e non ancora rivelate, in una cattedrale francese dove ha lasciato un'unica traccia e – dopo un rogo che voleva eliminare i suoi guardiani – in un paese scozzese ricco di querce e olmi, in un anfiteatro naturale nella terra del ghiaccio e del fuoco tanto bella da sembrare inferno, purgatorio e paradiso insieme, in un pozzo dal fondo irraggiungibile su un piccolo scoglio dall'altra parte dell'oceano, e quindi oltre il mondo conosciuto.

... Tutto comincia da dove sembra finire...

Ripercorriamo allora le prime righe del libro, ma ora non interrompiamoci, ascoltiamo cosa dice il boia.

Parigi. È la mattina del 21 gennaio 1793. La temperatura è rigida, una leggera nebbia ovatta una piazza silenziosa.

Sono passati più di tre anni dalla presa della Bastiglia, da quel 14 luglio 1789 che ha visto esplodere l'ira di un popolo affamato contro una monarchia troppo distante dal Paese.

La folla radunata in Place de la Révolution sta per essere testimone di uno degli eventi destinati a segnare il corso della storia.

Luigi XVI, il re deposto, è davanti a una moltitudine di persone che fino a poco prima era il suo popolo; è vestito di bianco, stringe in una mano il Libro dei Salmi. Sa che la sua ora è giunta e desidera dire qualcosa per difendere la memoria del suo regno, della sua famiglia e della sua vita, ma il boia lo incalza, non glielo permette, ha in mano un coltello affilato, con un gesto netto gli taglia i capelli raccolti in una coda, gli lega le mani e lo fa inginocchiare.

È lui che vuole parlare, si avvicina al re e gli sussurra: «Jacques de Molay, sei stato vendicato».

La lama della ghigliottina viene sganciata e il destino di Luigi XVI, l'ultimo discendente di Filippo il Bello, il re che mandò al rogo il Gran Maestro dei Templari Jacques de Molay, si compie: la sua testa cade nella cesta. Il boia la raccoglie, la solleva e la mostra trionfante alla folla che assiste.

Il popolo, liberato, esplode in una sola voce e grida: «Viva la Repubblica».

Il boia stringe la testa senza vita del sovrano, grondante di sangue; e urlando ripete: «Jacques de Molay, sei stato vendicato!».

Perché quell'urlo? I Templari non erano stati cancellati cinquecento anni prima?

Cancellati?...

Postfazione

di Franco Cardini

Queste poche righe sono in realtà qualcosa di molto più importante di quel che potrà sembrare a molti lettori. Non tanto per quello che dicono, ma per la ragione per la quale sono state scritte.

All'origine, ovviamente, c'è una conoscenza, anzi un'amicizia maturata non già nella comune visione delle cose, bensì semmai nel reciproco riconoscimento di complementarità.

Chi scrive non è certo uno studioso di Templari. Studiosi veri di questo argomento, a livello della storia trattata come una scienza (e non starò qui a discutere se lo sia o no, o fino a che punto), ce ne sono pochissimi; e questo contrasta col fatto che di Templari e di templarismo e/o di neotemplarismo si discute fin troppo. Certo, la professione di chi scrive è quella dell'insegnante di storia medievale: una condizione professionale che non si sostiene adeguatamente se non si conoscono, tra l'altro, anche alcune cose sugli Ordini religiosi: e quello dei *pauperes milites Christi et salomonici Templi* fu tale, prima di venire sciolto nel 1312 dall'unico che aveva il diritto di farlo. Sciolto, non condannato.

La problematica relativa all'Ordine del Tempio è storicamente, filologicamente, archeologicamente parlando molto complessa. Per chi, senza un'adeguata preparazione storica – non è una colpa non averla: ma, se non la si ha, si manca delle competenze di base per comprendere e discutere certi temi – volesse avere un'idea di tale complessità, consiglierei, tra i libri citati da Giacobbo nella Bibliografia, i lavori di Alain Demurger e Barbara Frale, ai quali aggiungerei quelli di Simonetta Cerrini e Francesco Tommasi, che Giacobbo non cita (ed è suo sacrosanto diritto il non farlo). Mi fermo qui: non consiglierei altre letture dell'elenco di Giacobbo, per quanto contenga molte cose buone; come altre meno buone e altre che manderei senza batter ciglio al rogo. E mi fermo qui perché questa è una Postfazione, non una recensione.

Io, però, sono solo un professore di storia medievale. I miei Templari cominciano dove la ricerca storica mi consente d'incontrarli, terminano dove le fonti e gli indizi si perdono o tacciono.

Sono tutti lì, i Templari? Evidentemente, no. La storia, tutta la storia, è un enorme puzzle nel quale i vuoti prevalgono sui pieni e le zone d'ombra su quelle illuminate dal sole delle prove, della conoscenza e della ragione; il silenzio su un passato che non c'è più prevale sul frastuono di un presente che ora cerca di cancellarlo e dimenticarlo, ora prova invece a reinventarlo e a reinterpretarlo, spesso senza possedere gli strumenti adatti.

Lo studio della storia come disciplina scientifica è faccenda di studiosi e specialisti. Ma non si può negare che la storia abbia anche altre dimensioni, che ci riguardano tutti come cittadini, come esseri umani, come persone partecipi di una cultura e di una tradizione, che debbono gestire l'eredità del passato (lo conoscano o no), che si pongono dei problemi, che hanno curiosità ed esigenze, che sognano e magari non riescono a disciplinare i loro sogni, o che addirittura non vogliono porre loro dei limiti. Persone irraggiungibili dalla cultura universitaria; e per le quali essa è irraggiungibile.

Giacobbo e io apparteniamo a mondi differenti: non estranei, nemmeno necessariamente avversari, ma certo distinti. Io mi rivolgo abitualmente agli "addetti ai lavori". Il pubblico di Giacobbo è più ampio e differenziato: comprende gente che non sa e non capisce, ma vorrebbe sapere e capire; che sa poco, ma si rende conto che è poco; che diffida dell'universo degli studiosi e degli intellettuali in quanto se ne sente esclusa, tenuta a bada se non respinta; che è infine convinta (ma su ciò sono profondamente d'accordo anch'io, al pari di molti miei colleghi) che esistano più cose in cielo e in terra di quante non creda la nostra filosofia.

Noi studiosi e insegnanti vorremmo che i professionisti del tipo di Giacobbo si mettessero al servizio della "scienza scientificamente intesa", che trasformassero in un seminario di studi ogni puntata dei loro programmi. Sai la noia. Giacobbo e alcuni suoi colleghi desidererebbero forse, al contrario, che i professionisti dello studio li spalleggiassero nel loro lavoro, che sostenessero certe scelte più ardite e spericolate, che si aprissero magari al "mistero" e perfino all'"improbabile" senza richiamare sempre, con pedanteria e magari con superbia, allo *historically correct*. Ciò non è facile; e non è sempre possibile.

Ma ecco perché queste poche righe sono importanti: esse costituiscono una specie di formalizzazione di un decisivo passo avanti nel senso del riconoscimento reciproco; e nel senso dell'interesse di tutti, del desiderio comune di crescere e sapere, insomma, della società civile. Giacobbo non mi ha chiesto nessun imprimatur e nessun riconoscimento di pedigree: non ambisce a vincere concorsi universitari, non aspira a cattedre, e fa benissimo perché il suo lavoro gli rende molto di più di uno stipendio da professore ordinario. Né io scrivo queste righe per sostenere che ha ragione, che le sue idee sono giuste, che le sottoscrivo: al contrario, chi ha letto qualcosa di mio sa che di alcune di esse diffido e che con altre non ho niente a che fare.

Ma il punto è un altro. Avete notato che nella nostra società c'è un crescente e diffuso bisogno di storia, una dilagante voglia di passato, un desiderio di riconoscersi e radicarsi in qualcosa che non c'è più o non c'è ancora, ma di cui si sente l'ombra della presenza? Con tali premesse, le nostre università dovrebbero rigurgitare di giovani che studiano storia. Ebbene: non succede. Tra i giovani vanno a ruba war games e "giochi di ruolo", cacciatori di draghi e cercatori del Graal: eppure i corsi di medievistica sono asfittici. Perché? Di chi la colpa? Forse della scuola, che non prepara adeguatamente. Forse della società, che offre e promette ben altri obiettivi che non quelli del sapere. E se, oltre a questo, fosse un po' anche colpa nostra? Il mio Maestro, Ernesto Sestan, usava dire: "Se mentre sto in cattedra e spiego qualcuno si addormenta e qualcun altro si distrae, la colpa non sta nella loro maleducazione, sta nella mia incapacità d'interessare".

Certo: il Medioevo non è fatto solo di Templari e di Graal. È un periodo convenzionalmente durato mille anni, nel quale c'è stato tutto e il contrario di tutto; ed è comprensibile che, per la maggior parte del pubblico anche colto, le istituzioni giuridiche o la conduzione agricola o la filosofia scolastica o i prezzi e i salari correnti in una città comunale siano argomenti poveri di glamour. Ne deriva una strana schizofrenia: i cultori della storia scientificamente intesa si isolano nella loro *turris eburnea* e guardano ai programmi di "intrattenimento" e "divulgazione" con un misto di rabbia, disprezzo e, ebbene sì, invidia per il loro successo, per l'audience che riescono a raggiungere; mentre i titolari, gli inventori, i realizzatori di quei programmi guardano a loro volta ai "professori" con un misto di rancore e noia. Di rado si cerca l'incontro a metà strada, puntando entrambi verso una sorta di "gaia scienza": per esempio, a momenti ed episodi di storia ricostruiti in un modo ideale per entrambi, cioè al tempo stesso scientificamente plausibile e spettacolarmente accattivante.

Ma questa medaglia ha il suo rovescio esattamente in quel che manca alla società civile italiana: non centri di studio qualificato (ce ne sono) o luoghi e momenti di divertimento e "avventura della fantasia", ma situazioni davvero nuove in cui si riesca a stabilire un filo diretto tra la ricerca scientifica più seria e qualificata da una parte e i gusti, i bisogni, le curiosità e le inquietudini della gente dall'altra. Il famoso fantasma gentile della "buona divulgazione", che sappia educare e informare mentre diverte, senza mettere nessuno a disagio, senza eludere alcun tema e quindi senza deludere nessuno.

Ecco a cosa serve questa Postfazione. Con essa, non fornisco alcuna legittimazione accademica a un libro che dovranno essere i lettori a giudicare. Non lo faccio perché non posso farlo e non ne ho né la veste, né il diritto: se lo facessi, io sarei rimproverato dai miei colleghi e Giacobbo dai suoi, dal momento che il suo lavoro non chiede alcuna legittimazione accademica e non ne ha bisogno. Ma è un ottimo punto di partenza per parlare insieme di questi e altri problemi. Per crescere e far crescere.

Ringraziamenti

Ringrazio il professor Cardini per l'appassionata Postfazione e la dottoressa Frale per la stimolante intervista che mi ha rilasciato e che ho inserito in questo libro.

Un particolare ringraziamento a Valeria Botta per la sua ricerca storiografica e bibliografica degna d'altri tempi.

Grazie alla RAI e ai miei colleghi con i quali ho condiviso emozioni, intuizioni, discussioni e viaggi che hanno portato mille contenuti e sfumature in queste pagine.

E infine grazie a Irene, mia moglie, sempre presente nella mia vita e nei miei pensieri, che è riuscita con amore e magia a far sentire la mia presenza alle nostre figlie, Angelica, Giovanna e Margherita, anche quando per impegni di lavoro ero lontano. Grazie, grazie per tutto e per sempre.

Bibliografia

AA.VV., *Luce del Graal*, Edizioni Mediterranee, 2001.

Allegri M., Sarpato I., *I nuovi Templari*, Italia Nuova, 2005.

Badellino E., *I Templari*, Xenia, 1996.

Baietti G., *L'Enigma di Rennes le Chateau. I Rosacroce e il tesoro perduto del Graal*, Edizioni Mediterranee, 2003.

Barber M., *The Trial of the Templars*, Cambridge University Press, 1978.

Barber R., *Cavalieri del Medioevo*, Piemme, 2001.

Bauer M., *Il mistero dei Templari*, Newton Compton, 2002.

Beck A., *La fine dei Templari*, Piemme, 2002.

Begg E., *Il Misterioso culto delle Madonne Nere*, L'Età dell'Acquario, 2006.

Bizzarri M., Scurria F., *Sulle tracce del Graal, alla ricerca dell'immortalità*, Edizioni Mediterranee, 2001.

Blasco G., *L'imputato de Molay. Cavalieri templari, riesame di un processo illegittimo*, Campanotto, 2003.

Bonvincini E., *Templari fra storia e leggenda*, Bastogi, 1997.

Bordonove G., *La tragedia dei Templari*, Bompiani, 2000.

Butler A., Dafoe S., *La verità sui Templari*, L'Età dell'Acquario, 2006.

Capone B., Imperio L., Valentini E., *Guida all'Italia dei Templari*, Edizioni Mediterranee, 2002.

Capone Ferrari B., *Alla ricerca delle mansioni Templari. Italia centrale e meridionale*, Edizioni Federico Capone, 2009.

–, *Quando in Italia c'erano i Templari. Italia settentrionale*, Edizioni Federico Capone 1997.

-, *Sulle tracce dei Cavalieri Templari*, Edizioni Federico Capone, 1996.
Cardini F., *Templari e Templarismo. Storia, mito, menzogne*, Il Cerchio, 2005.
Cardini F., Introvigne M., Montesano M., *Il Santo Graal*, Giunti, 1998.
Cavalieri P., *I cavalieri templari. Il più importante ordine cavalleresco del Medioevo e i misteri custoditi nelle sue cattedrali*, Hobby & Work Publishing, 2009.
Ceccarelli L., Cautilli P., *La Rivelazione dell'Aquila*, Infograph Service, 2006.
Cennamo M., *Templari in Italia. Un mistero tra santi guerrieri e demoni eretici*, Frilli, 2005.
Centini M., *Alla ricerca della Veronica*, Edizioni San Paolo, 2002.
Cerinotti A., a cura di, *Le Cattedrali del mistero*, Demetra, 1997.
Cerrini S., *La rivoluzione dei Templari*, Mondadori, 2008.
Charpentier L., *I Misteri dei Templari*, L'Età dell'Acquario, 2007.
Contro P., *Dante templare e alchimista*, Bastogi, 2005.
Coppens P., *L'Enigma di Rosslyn. La verità dietro ai misteri templari e massonici*, L'Età dell'Acquario, 2005.
Cortesi P., Jacques de Molay. *L'ultimo dei Templari?*, Foschi, 2007.
Cuomo F., *Gli ordini cavallereschi*, Newton Compton, 2001.
Curzi G., *La pittura dei Templari*, Silvana Editoriale, 2002.
Dailliez L., *I Templari*, Edizioni San Paolo, 2001.
Daniele Iara G., *I Templari in Portogallo*, Penne & Papiri, 2005.
Delaforge G., *The templar tradition in the Age of Aquarius*, Threshold Books, 1987.
Del Monte S., *Celestino V papa templare o povero cristiano?*, Phasar, 2009.
Demurger A., *I Templari. Un ordine cavalleresco cristiano nel Medioevo*, Garzanti, 2009.
-, *Tramonto e fine dei Cavalieri Templari. L'avventurosa storia di Jacques de Molay, l'ultimo Templare*, Newton Compton, 2004.
-, *Vita e morte dell'Ordine dei Templari*, Garzanti, 2005.
De Simone A., Pietro del Morrone. *La storia di san Celestino V papa e della chiesa nel XIII secolo*, Firenze Atheneum, 2005.

Fanthorpe L., Fanthorpe P., *Il Mistero del tesoro dei Templari*, Newton Compton, 2005.
Frale B., *Il Papato e il processo ai Templari*, Viella, 2003.
-, *I Templari e la Sindone di Cristo*, il Mulino, 2009.
-, *L'Ultima battaglia dei Templari*, Viella, 2001.
Gardner L., *Le misteriose origini dei re del Graal*, Newton Compton, 2000.
Giacomini A., *Enigma templare*, Edizioni Arktos, 2000.
Gianazza G., Freguglia G.F., *I custodi del messaggio*, Sperling & Kupfer Editori, 2006.
Giannini F.G., *Milites Templi*, Editrice Mediaevo, 2001.
Giardini L., Pezzutti M., Redi F., *Celestino V e la sua Basilica*, Silvana, 2006.
Grano A., *Il papa santo Celestino V. San Pietro a Maiella*, Pironti, 2001.
Granzotto G., *Cristoforo Colombo*, Mondadori, 1986.
Grousset R., *La storia delle crociate*, Piemme, 1998.
Guénon R., *L'Esoterismo di Dante*, Atanòr, 1971.
Haagensen E., Lincoln H., *L'isola segreta dei Templari: alla ricerca del tesoro perduto*, Newton Compton, 2002.
Hancock G., *Il Mistero del Sacro Graal*, Piemme, 1995.
Hatcher Childress D., *La Flotta perduta dei Templari*, Newton Compton, 2004.
Hopkins M., *Misteri ed enigmi. I Templari*, Logos, 2008.
Houben H., *Federico II. Imperatore, uomo, mito*, il Mulino, 2009.
Iannaccone M.A., *I Templari, il martirio della memoria*, SugarCo, 2005.
Imperio L., *Il Tramonto dei templari*, Edizioni Penne e Papiri, 1996.
Lancianese D., *Federico II e i Templari*, Maprosti & Lisanti Editore, 2007.
-, *I Templari e la Massoneria*, Atanòr, 2007.
-, *I Templari e la missione segreta*, Nerbini, 2006.
-, *I Templari e l'interrogatorio di Chinon*, Maprosti & Lisanti Editore, 2007.
-, *Un Templare in America*, Maprosti & Lisanti Editore, 2006.
Lapidari A., *Il processo all'ordine dei Templari*, Solfanelli, 2006.
Le Goff J., Montremy J.M. de, *Alla ricerca del Medioevo*, Laterza, 2004.

Lopane P., *I Templari*, Besa, 2007.
Lopardi M.G., *I Templari e il Colle Magico di Celestino*, Idealibri, 2000.
Mahieu J. de, *I Templari in America*, Piemme, 1998.
Malvani G., *Della sapienzialità templare*, Edizioni Penne & Papiri, 1997.
Marillier B., *I Templari. Storia e segreti del più misterioso Ordine medievale*, L'Età dell'Acquario, 2004.
Marino R., *Cristoforo Colombo, l'ultimo dei Templari*, Sperling & Kupfer, 2005.
Markale J., *I Templari custodi di un mistero*, Sperling & Kupfer, 2004.
Mary R. L., *Il Messaggio dei Templari. La Nascita e la fine dei Cavalieri del Tempio*, Atanòr, 1998.
Michell J., *Il segreto del Tempio di Gerusalemme*, L'Età dell'Acquario, 2006.
Moiraghi M., *La scoperta del vero Sacro Graal*, Piemme, 2001.
-, *L'Italiano che fondò i Templari*, Ancora, 2005.
Nenci R., *I Templari cavalieri del tempio. Storie, tradizioni e misteri*, Thesan & Turan, 2008.
Nosenzo Spagnolo F., *I Tesori dei Templari*, L'Età dell'Acquario, 2005.
Partner P., *I Templari*, Einaudi, 1991.
Patton G., Mackness R., *L'Enigma dei Templari, il mistero di Rennes-le-Chateau e il potere delle società segrete*, Newton Compton, 2000.
Pellicono M., *Il cammino segreto. I cavalieri templari in Italia*, Bacchilega Editore, 2006.
Petromilli G., *I Templari e la Casa Santa di Loreto*, Edizioni Aratron, 1987.
Piana A., *Sindone, gli anni perduti*, SugarCo, 2007.
Picknett L., Prince C., *La rivelazione dei Templari*, Sperling & Kupfer, 2004.
Pomponio E., *Templari in battaglia*, Edizioni Penne e Papiri, 1996.
Portolan S., *Sul Processo per eresia dei Templari*, Edizioni Penne e Papiri, 1999.
Putnam B., Wood J.E., *Il Tesoro scomparso di Rennes-le-Chateau*, Newton Compton, 2004.

Ralls K., *I Templari e il Graal*, Edizioni Mediterranee, 2004.
Read Piers P., *La vera storia dei Templari*, Newton Compton, 2009.
Salomone Q., *Celestino alla gente*, Centro Celestiniano Edizioni, 2000.
Sansone Vagni L., *Dalla leggenda alla storia. Le vere origini del complotto contro i Templari di Francia*, ECIG, 2005.
Santarelli G., *Indicazioni documentali sulla traslazione della Santa Casa di Loreto*, Edizioni del Santuario, 1986.
Sinclair A., *Rosslyn, la cappella del Graal*, L'Età dell'Acquario, 2006.
Sora S., *Il Tesoro perduto dei Templari*, Piemme, 1999.
-, *La colonia perduta dei Templari*, L'Età dell'Acquario, 2006.
Tavolaro A., *Castel del Monte, scienza e mistero in Puglia*, Edizioni Giuseppe Laterza, 2007.
Terhart F., *Il tesoro dei Templari. Le ricchezze nascoste*, Arkeios, 2004.
Valentini E., *Cavalieri templari*, Edizioni Penne e Papiri, 2005.
Ventura G., *Templari e Templarismo*, Atanòr, 2002.
Vescera C., *Papa Celestino V a Vieste. Il segreto di Collemaggio*, Nuovi Autori, 2008.
Volterri R., Piana A., *Baphomet. Sulle tracce del misterioso idolo dei Templari*, SugarCo, 2006.
-, *I Mille volti del Graal*, SugarCo, 2005.
Whyte J., *La Caduta dei Templari. Saint-Clair*, Piemme, 2009.

Arnoldo Mondadori Editore S.p.A.

Questo volume è stato stampato
presso Mondadori Printing S.p.A.
Stabilimento Nuova Stampa Mondadori - Cles (TN)

Stampato in Italia - Printed in Italy

Islanda
Oak Island
Isola di May (Scozia)
9 navi
Rosslyn
Temple
Chartres
La Rochelle
Tomar
9 navi